**biblioteca clásica
de siglo veintiuno**

paulo freire
la educación como práctica de la libertad

traducción de lilién ronzoni

 siglo veintiuno
editores

archipiélago
siglo veintiuno

españa
siglo xxi editores
www.sigloxxieditores.com
travesía bellver, 2, 28039, madrid

argentina
siglo xxi editores
www.sigloxxieditores.com.ar
guatemala 4824, c1425bup, buenos aires

méxico
siglo xxi editores
www.sigloxxieditores.com.mx
cerro del agua 248, coyoacán, 04310, ciudad de méxico

Título original: *Educação como practica da liberdade*

Diseño de colección y de interiores: Tholön Kunst

1ª edición en esta presentación: agosto de 2025

ISBN: 978-84-323-2154-2
Depósito legal: M-16039-2025

Impreso en España. *Printed in Spain.*

Índice

Educación y concienciación

¿Qué significa educar, en medio de las agudas y dolorosas transformaciones que están viviendo nuestras sociedades latinoamericanas, en esta segunda mitad del siglo xx? Cuando nuestro continente tiene la tasa de natalidad más alta del mundo y la mitad de su población total es menor de 19 años de edad y cuando, a la vez, se cuentan por millones sus analfabetos adultos, ¿qué entendemos por educación?

Paulo Freire nos contesta diciendo que la educación verdadera es *praxis, reflexión y acción del hombre sobre el mundo para transformarlo.* En boca de este extraordinario pedagogo pernambucano, la afirmación está respaldada por una amplia experiencia llevada a cabo no sólo en Brasil, sino también en Chile, o sea, en la compleja trama de la realidad latinoamericana, donde plantear tan sólo la posibilidad de la transformación del mundo por la acción del pueblo mismo, liberado a través de esa educación, y anunciar así las posibilidades de una nueva y auténtica sociedad es convulsionar el orden anacrónico en que todavía nos movemos.

El libro que presentamos es sólo el punto de partida de una vasta y profunda tarea pedagógica que está muy lejos de haber llegado a su fin.

Más que un libro, es una amplia exposición oral que se fue armando pacientemente, en medio de la práctica de sus ideas, hasta recibir la forma escrita. Fue terminado en Santiago de

Chile, después de que el autor hubiera interrumpido su proceso, por causa de la caída del gobierno de Goulart, como consecuencia del golpe de Estado de 1964, de los meses de encarcelamiento que tuvo que sufrir por haber sido considerada subversiva su acción pedagógica por el "nuevo orden" brasileño y de las contingencias propias del exilio.

La urgencia de los problemas de organización de todo el movimiento de democratización de la cultura, que Paulo Freire dirigiera e inspirara en Brasil, le dejó menos tiempo del que habría deseado para la elaboración teórica. Sin embargo, esa elaboración teórica continuó posteriormente y Paulo Freire ya nos anuncia la publicación de su obra mayor, *Pedagogía del oprimido*.[1]

Por eso, en *La educación como práctica de la libertad* el lector se enfrentará al carácter voluntariamente oral de sus páginas. El movimiento continuo del pensamiento que Freire despliega es característico de su modo de exposición oral, fascinante y continuamente provocador. Quizá le exija al lector una atención permanente al pasar a la forma escrita. Pero se mantiene intacta la dialéctica de la continuidad, en el flujo del discurso oral —de que hablaba Pierre Furter analizando el pensamiento de Paulo Freire—, con la dialéctica de la discontinuidad, que surge de las pausas propias de la reflexión.

Pero la oralidad de Paulo Freire no expresa solamente su estilo pedagógico. Revela sobre todo —decía también Pierre Furter— "el fundamento de toda su praxis: su convicción de que el hombre fue creado para comunicarse con los otros hombres". Este diálogo (educación dialogal tan opuesta a los esquemas del liberalismo —educación monologal— que seguimos practicando impertérritos, como si nada sucediese a nuestro alrededor, como si todavía pudiésemos tener la oportunidad de *dirigir* y de *orientar* al educando) sólo será posible en la medida en que

1 Tierra Nueva, Montevideo, 1970.

acabemos de una vez por todas con nuestro verbalismo, con nuestras mentiras, con nuestra incompetencia, frente a una realidad que nos exige una actitud de gran tensión creadora, de poderoso despliegue de la imaginación.

El cristiano militante que es Paulo Freire cuando habla de *libertad*, de *justicia* o de *igualdad* cree en estas palabras en la medida en que ellas estén encarnando la realidad de quien las pronuncia.

Sólo entonces las palabras, en vez de ser vehículo de ideologías alienantes, o enmascaramiento de una cultura decadente, se convierten en *generadoras* (de ahí lo del *tema generador* en su pedagogía), en instrumentos de una transformación auténtica, global, del hombre y de la sociedad. Por eso mismo, es verdad en Paulo Freire que la educación es un acto de amor, de coraje; es una práctica de la libertad dirigida hacia la realidad, a la que no teme; más bien busca transformarla, por solidaridad, por espíritu fraternal.

II

Paulo Freire fue profesor de historia y de filosofía de la educación en la Universidad de Recife, hasta 1964. Su interés por la educación de los adultos, en un país como Brasil, que urgentemente precisa de ella, se despertó hacia 1947, y empezó sus trabajos en el Nordeste, entre los analfabetos. Su conocimiento de las formas y los métodos tradicionales de alfabetización bien pronto le pareció insuficiente. Éstos pecaban de los dos grandes defectos característicos de toda nuestra educación, sobre todo en los niveles primarios y secundarios: se prestaban a la manipulación del educando; terminaban por "domesticarlo", en vez de hacer de él un hombre realmente libre. Hacia 1962, Paulo Freire había realizado ya variadas experiencias aplicando el método que fuera concibiendo a lo largo de su trayectoria.

En muchos lugares, trabajando con campesinos, llegó a obtener resultados extraordinarios: en menos de 45 días un iletrado aprendía a "decir y a escribir su palabra". Alcanzaba a ser el "dueño de su propia voz". Resultados de esta naturaleza impresionaron vivamente a la opinión pública, y la aplicación del sistema fue extendiéndose con el patrocinio del gobierno federal. Entre junio de 1963 y marzo de 1964 se organizaron cursos de capacitación de "coordinadores", en casi todas las capitales de los estados. Solamente en el estado de Guanabara, según datos de Francisco C. Weffort, se inscribieron 6.000 personas.[2] También se impartieron cursos en los estados de Río Grande del Norte, San Pablo, Bahía, Sergipe y Río Grande del Sur, que prepararon a otros varios miles de personas. El plan para el año 1964, en vísperas del golpe de Estado, preveía la inauguración de 2.000 "Círculos de cultura", que se encontrarían capacitados, ese mismo año, para atender aproximadamente a dos millones de alfabetizados, a razón de 30 por cada círculo, abarcando cada curso una duración no mayor de dos meses. Se iniciaba así una campaña de alfabetización en todo el territorio del Brasil, a escala nacional y con proyecciones verdaderamente revolucionarias. En las primeras etapas alcanzaría a los sectores urbanos y en las siguientes a los sectores rurales.

Lógicamente, las clases dominantes no iban a tolerar esta transformación de una sociedad que, no bien accediera a las fuentes del conocimiento, no bien tomara conciencia, cambiaría radicalmente la estructura de Brasil. Esa misma lógica demuestra, *contrario sensu*, que la pedagogía de Paulo Freire corresponde admirablemente con la emergencia de las clases populares en la historia latinoamericana y con la crisis definitiva de las viejas elites dominantes.

---

2 Francisco C. Weffort, en *Educación y política*, prólogo a la edición brasileña de *La educación como práctica de la libertad*, Paz e Terra, Río de Janeiro, 1969.

III

Ahora bien, ¿cómo concibe Paulo Freire el analfabetismo? ¿Qué clase de fenómeno es en nuestras sociedades?

Antes de entrar en las consideraciones de Freire sobre el particular, conviene señalar que experiencias posteriores hechas con la aplicación de su método demostraron la posibilidad de adaptarlo con éxito a otros niveles de la especial situación de las capas sociales consideradas globalmente como iletradas. En Uruguay, un equipo interdisciplinario que trabajó durante un año en estrecho contacto con Paulo Freire comprobó la posibilidad de dichas adaptaciones al nivel de grupos humanos semialfabetizados, con los cuales muchas veces la tarea de concienciación presenta dificultades más serias que las que se encuentran entre los grupos de analfabetos, a causa de las especiales deformaciones de las estructuras de pensamiento que genera la semialfabetización.[3]

Quiere decir que las consideraciones que siguen tienen un marco mucho más amplio de referencias y de aplicación que las que puedan derivarse del mero individuo analfabeto, habida cuenta de que Paulo Freire siguió la mencionada experiencia hasta el final, evaluando sus resultados y tomándolos en cuenta para la ampliación de sus investigaciones.

La concepción ingenua del analfabetismo —dice Paulo Freire— lo encara como si fuera un "absoluto en sí", o una "hierba dañina" que necesita ser "erradicada" (de ahí la expresión corriente: "erradicación del analfabetismo"). O también lo mira como si fuera una enfermedad que pasará de uno a otro, casi por contagio.

No es de extrañar, pues, que el analfabetismo aparezca en la noción tradicional como una especie de mal de nuestros pue-

---

3 Véase *Se vive como se puede*, Tierra Nueva, Montevideo, 1970, 3ª ed.

blos, como una manifestación de su incapacidad, de su poca inteligencia y aun de su apatía.

Pero la verdad es otra. "La concepción crítica del analfabetismo —dice después Freire— por el contrario lo ve como una explicitación fenoménico-refleja de la estructura de una sociedad en un momento histórico dado."[4] Una variante tan radical en la concepción del analfabetismo que de sus causas estructurales deriva sus consecuencias en los individuos obliga a concebir una variante igualmente radical en la tarea de educar. La alfabetización —al igual que toda tarea de educación— no puede ser concebida como un acto mecánico, mediante el cual el educador "deposita" en los analfabetos palabras, sílabas y letras. Este "depósito de palabras" no tiene nada que ver con la educación liberadora (habría que decir con la educación a secas, porque es liberadora o no es educación), sino que envuelve otra concepción tan ingenua como la primera, o sea, la de suponer que las palabras tienen un poder mágico. Se pretende convertir la palabra en una fórmula independiente de la experiencia del hombre que la dice, desprovista de toda relación con el mundo de ese hombre, con las cosas que nombra, con la acción que despliega.

Desde este punto de vista no hay silabario que escape a la crítica de Paulo Freire. No hay metodología alfabetizadora libre de vicios, en la medida en que sea instrumento a través del cual el alfabetizando es visto como un objeto más que como un sujeto. En el fondo, los métodos tradicionales de alfabetización son instrumentos "domesticadores", casi siempre alienados y, además, alienantes.

Pero no lo son por omisión ni por ignorancia, sino que responden a toda la política educacional de nuestros medios educacionales. La misma política que después se seguirá aplicando a nivel de la enseñanza primaria, de la secundaria y aun —ya refi-

---

4 P. Freire, *La alfabetización de adultos. Crítica de su visión ingenua, comprensión de su visión crítica,* en *Cristianismo y sociedad,* número especial, septiembre de 1968, Montevideo.

nada en sus vicios— de la enseñanza superior. El educando es el objeto de manipulación de los educadores, que responden, a su vez, a las estructuras de dominación de la sociedad actual. Educar, entonces, es todo lo contrario a "hacer pensar", y mucho más aún es la negación de todas las posibilidades transformadoras del individuo vueltas hacia el ambiente natural y social en el cual le tocará vivir. Se convertirá, sin quererlo, por efecto de esta situación alienante, en un miembro más del *statu quo*.

Por eso Paulo Freire denuncia la concepción "ingenua" de la alfabetización, porque esconde, bajo una vestimenta falsamente humanista, su "miedo a la libertad".

La alfabetización —dice— aparece, por ello mismo, no como un derecho (un fundamental derecho), el de decir la palabra, sino como un regalo que los que "saben" hacen a quienes "nada saben". Empezando, de esta forma, por negar al pueblo el derecho a decir su palabra, una vez que la regala o la prescribe alienadamente, no puede constituirse en un instrumento de cambio de la realidad, de lo que resultará su afirmación como sujeto de derechos.[5]

La alfabetización, y por ende toda la tarea de educar, sólo será auténticamente humanista en la medida en que procure la integración del individuo a su realidad nacional, en la medida en que le pierda miedo a la libertad, en la medida en que pueda crear en el educando un proceso de recreación, de búsqueda, de independencia y, a la vez, de solidaridad.

Al llegar a este punto del pensamiento pedagógico de Paulo Freire —que en realidad es un pensamiento político en el sentido más alto de la palabra— descubrimos que alfabetizar es sinónimo de concienciar.

5 P. Freire, *op. cit.*

La conciencia del analfabeto es una conciencia oprimida. Enseñarle a leer y escribir es algo más que darle un simple mecanismo de expresión. Se trata de procurar en él, concomitantemente, un proceso de concienciación, o sea, de liberación de su conciencia con vistas a su posterior integración en su realidad nacional, como sujeto de su historia y de la historia. Un profesor norteamericano —Thomas G. Sanders—, que ha estudiado detenidamente la pedagogía de Paulo Freire, da la siguiente definición de concienciación:

Significa un "despertar de la conciencia", un cambio de mentalidad que implica comprender realista y correctamente la ubicación de uno en la naturaleza y en la sociedad; la capacidad de analizar críticamente sus causas y consecuencias y establecer comparaciones con otras situaciones y posibilidades; y una acción eficaz y transformadora. Psicológicamente, el proceso encierra la conciencia de la dignidad de uno: una "praxis de la libertad". Si bien el estímulo del proceso de concienciación deriva de un diálogo interpersonal, mediante el cual uno descubre el sentido de lo humano al establecer una comunión a través de encuentros con otros seres humanos, una de sus consecuencias casi inevitables es la participación política y la formación de grupos de interés y presión.[6]

Ahora bien, ¿cómo se logra, en términos generales, esta concienciación? Lo primero que salta a la vista es que nadie que pretenda lograrla en otros podrá hacerlo si él, a su vez, no está concienciado. Y es difícil hablar en el día de hoy, en nuestra América Latina, de un individuo que se considere a sí mismo "concienciado" si no comparte en pensamiento, y en acción, el

6 Thomas G. Sanders, *The Paulo Freire Method,* Arnerican Universities Field Staff, Nueva York, junio de 1968.

dolor y las necesidades de las inmensas masas oprimidas de nuestro continente, si no lucha, de alguna manera, por mínima que sea, para destruir esas injusticias. ¿Quién puede considerarse concienciado y, por tanto, con vocación de concienciador, si no es capaz de comprender que, "en la medida en que a algunas personas no se les permite existir para ellos sino para otros o en función de otros, aquellos que les vedan esa existencia independiente tampoco son genuinamente 'seres para sí'"?[7] Por eso Paulo Freire puede decir, tan sencillamente: "Nadie 'es' si prohíbe que los otros 'sean'".

IV

En una época como la que nos toca vivir, en que se menosprecia de tantas formas el ministerio de la palabra humana y se hace de ella máscara para los opresores y trampa para los oprimidos, nos sorprende —a la manera socrática— el valor que Paulo Freire da a la palabra.

No puede haber palabra verdadera que no sea un conjunto solidario de dos dimensiones indicotomizables, *reflexión* y *acción*. En este sentido, decir la palabra es transformar la realidad. Y es por ello también por lo que el decir la palabra no es privilegio de algunos, sino derecho fundamental y básico de todos los hombres.[8]

Pero, a la vez, nadie dice la palabra solo. Decirla significa decirla *para* los otros. Decirla significa necesariamente un *encuentro de los hombres*. Por eso, la verdadera educación es diálogo. Y este encuentro no puede darse en el vacío, sino que se da en situacio-

---

7 P. Freire, en *La concepción "bancaria" de la educación y la deshumanización*, en *op. cit.*
8 *Ibid.*

nes concretas, de orden social, económico, político. Por la misma razón, nadie es analfabeto, inculto, iletrado, por elección personal, sino por imposición de los demás hombres, a consecuencia de las condiciones objetivas en que se encuentra.

En este orden de consideraciones, Paulo Freire encuentra los fundamentos para sostener que en las concepciones modernas de la educación, en medio de los profundos y radicales cambios que estamos viviendo en América Latina, ya no cabe más la distinción entre el educando y el educador. No más educando, no más educador, sino *educador-educando con educando-educador*, como el primer paso que debe dar el individuo para su integración en la realidad nacional, tomando conciencia de sus derechos.

La concepción tradicional de la educación, que no ha logrado superar el estadio que acabamos de señalar, es denominada por Paulo Freire —recogiendo una expresión de Pierre Furter— como la concepción "bancaria", y la explica así: La concepción *bancaria*, al no superar la contradicción educador-educando, por el contrario, al acentuarla, no puede servir, a no ser a la domesticación del hombre. De la no superación de esta contradicción resulta:

a) que el educador es siempre quien educa; el educando, el que es educado;

b) que el educador es quien disciplina; el educando, el disciplinado;

c) que el educador es quien habla; el educando, el que escucha;

d) que el educador prescribe; el educando sigue la prescripción;

e) que el educador elige el contenido de los programas; el educando lo recibe en forma de "depósito";

f) que el educador es siempre quien sabe; el educando, el que no sabe;

g) que el educador es el sujeto del proceso; el educando, su objeto.

Una concepción tal de la educación hace del educando un sujeto pasivo y de adaptación. Pero lo que es más grave aún, desfigura totalmente la condición humana del educando. Para la concepción "bancaria" de la educación, el hombre es una cosa, un depósito, una "olla". Su conciencia es algo espacializado, vacío, que va siendo llenado por pedazos de mundo digeridos por otro, con cuyos residuos de residuos pretende crear contenidos de conciencia.

Realizada la superación de esta concepción de la educación, resulta otro esquema, a través de la liberación que postula Paulo Freire:

a) no más un educador del educando;

b) no más un educando del educador;

c) sino un educador-educando con un educando-educador.

Esto significa:

1) que nadie educa a nadie;

2) que tampoco nadie se educa solo;

3) que los hombres se educan entre sí, mediatizados por el mundo.[9]

La educación que propone Freire, pues, es eminentemente problematizadora, fundamentalmente crítica, virtualmente liberadora. Al plantear al educando —o al plantearse con el educando— el hombre-mundo como problema, está exigiendo una permanente postura reflexiva, crítica, transformadora. Y, por encima de todo, una actitud que no se detiene en el verbalismo, sino que exige la acción.

Y esto es lo más importante.

V

Hay una práctica de la libertad, así como hay una práctica de la dominación. Actualmente, nos movemos, somos, vivimos, sufrimos, anhelamos y morimos, en sociedades en que se ejerce la

9 *Ibid.*

práctica de la dominación. No perdemos nada si intentamos una nueva pedagogía. Por el contrario, podemos ganar una nueva sociedad, un nuevo hombre, un nuevo mañana. La pedagogía de Paulo Freire es, por excelencia, una "pedagogía del oprimido". No postula, por lo tanto, modelos de adaptación, de transición ni de "modernidad" de nuestras sociedades. Postula modelos de ruptura, de cambio, de transformación total. Si esta pedagogía de la libertad implica el germen de la revuelta, a medida que se da el pasaje de la conciencia mágica a la conciencia ingenua, de ésta a la conciencia crítica y de ésta a la conciencia política, no puede decirse que sea ése el objetivo oculto o declarado del educador. Es el resultado natural de la toma de conciencia que se opera en el hombre y que despierta a las múltiples formas de contradicción y de opresión que hay en nuestras actuales sociedades. Esa toma de conciencia hace evidentes esas situaciones. "Concienciar", pues, no es sinónimo de "ideologizar" o de proponer consignas, eslóganes o nuevos esquemas mentales, que harían pasar al educando de una forma de conciencia oprimida a otra. Si la toma de conciencia abre el camino a la crítica y a la expresión de insatisfacciones personales, primero, y comunitarias más tarde, ello se debe a que éstas son los componentes reales de una situación de opresión. "No es posible —llegó a decir Paulo Freire en una de sus conferencias— dar clases de democracia y al mismo tiempo considerar como absurda e inmoral la participación del pueblo en el poder."

Y aquí está el *quid* de toda la cuestión. La "pedagogía del oprimido" se convierte en la práctica de la libertad.

JULIO BARREIRO

Canção para os fonemas da alegria[1]

Peço licença para algumas coisas.
Primeiramente para desfraldar
êste canto de amor pùblicamente.

Sucede que só sei dizer amor
quando reparto o ramo azul de estrêlas
que em meu peito floresce de menino.

Peço licença para soletrar,
no alfabeto do sol pernambucano,
a palavra ti - jo - lo, por exemplo,

e poder ver que dentro dela vivem
paredes, aconchegos e favelas
e descobrir que todos os fonemas

são mágicos sináis que vão se abrindo
constelação de girassóis gerando
em círculos de amor que de repente
estalam como flor no chão de casa.

Ás vêzes nem há casa: é só o chão.
Mas sobre o chão quem reina agora é un homem
diferente, que acaba de nascer:

1 Thiago de Mello, *Faz oscuro mas eu Canto — Porque a manha vai chegar,* Civilização Brasileira, Río de Janeiro, 1965.

porque unindo pedaços de palavras
aos poucos vai unindo argila e orvalho,
tristeza e pão, cambão e beija-flor,

e acaba por unir a própria vida
no seu peito partida e repartida
quando a final descobre num clarão

que o mundo é seu também, que o seu trabalho
não é a pena que paga por ser homem,
mas um modo de amar —e de ajudar

o mundo a ser melhor. Peço licença
para avisar que, ao gôsto de Jesus,
êste homem renascido é um homem nôvo:

êle atravessa os campos espalhando
a boa - nova, e chama os companheiros
a pelejar no limpo, fronte a fronte,

contra o bicho de cuatrocentos anos,
mas cujo fel espêsso não resiste
a quarenta horas de total ternura.

Peço licença para terminar
soletrando a canção de rebeldia
que existe nos fonemas da alegria:

canção de amor geral que eu vi crescer
nos olhos do homem que aprendeu a ler.

THIAGO DE MELLO
Santiago de Chile, verano de 1964

A la memoria de Joaquim Temístocles Freire, mi padre.

A Edeltrudes Neves Freire, mi madre;
con ambos aprendí muy temprano el diálogo.

A la memoria de Lutgardes Neves, tío y amigo, que dejó
en mí profunda huella.

A Elza, mi mujer, a quien mucho debo.

A Magdalena, Cristina, Fátima, Joaquim y Lutgardes,
mis hijos, a quienes mucho quiero; con ellos continúo el
diálogo que aprendí con mis padres.

Agradecimiento

Mientras el autor estudió y realizó las experiencias relatadas en este ensayo, contrajo deudas con un sinnúmero de personas que no se consideraban, muchas veces, creadoras. Observaciones que casi siempre abrían nuevas perspectivas y llevaban al autor a rectificaciones. Observaciones no siempre sacadas de libros ni de conversaciones con especialistas, entre los que se sitúan los equipos universitarios con quienes trabajó el autor, sino obtenidas de los permanentes encuentros con hombres simples del pueblo, con analfabetos con quienes tanto aprendió el autor. A todos ellos, cuyos nombres sería difícil hacer constar, expresa el autor, ahora, su reconocimiento.

Aclaración

No existe educación sin sociedad humana y no existe hombre fuera de ella. El esfuerzo educativo desarrollado por el autor y que pretende exponer en este ensayo fue realizado para las condiciones especiales de la sociedad brasileña, aun cuando pueda tener validez fuera de ella; sociedad que es intensamente cambiante y dramáticamente contradictoria; sociedad en "nacimiento" que entonces presentaba violentos encuentros con un tiempo que se desvanecía con sus valores, con sus peculiares formas de ser y que "pretendía" continuarse en otro que estaba por venir, buscando configurarse. Por lo tanto, este esfuerzo no fue casual. Era una tentativa de respuesta a los desafíos que contenía este transformarse de la sociedad. Desde luego, cualquier búsqueda de respuesta a estos desafíos implicaría, necesariamente, una opción. Opción que significaba una sociedad sin pueblo, dirigida por una elite superpuesta, alienada, y en la cual el hombre común minimizado y sin conciencia de serlo era más "cosa" que hombre mismo; la opción por el mañana, por una nueva sociedad que, siendo sujeto de sí misma, considerase al hombre y al pueblo sujetos de su historia. Opción por una sociedad parcialmente independiente u opción por una sociedad que se "descolonizase" cada vez más, que se desprendiese de las corrientes que la hacían y la hacen objeto de otras, que a su vez son sujetos de ella. Éste es el dilema básico que se presenta hoy, en forma ineludible, a los países subdesarrollados, al Tercer Mundo. La educación de las masas se hace algo absolutamente fundamental entre nosotros. Educación que, libre de alienación, sea una fuerza para el cambio y para la libertad. La opción, por lo tanto, está entre una "educación" para la "domesticación" alienada y una educación para la libertad. "Educación" para el hombre-objeto o educación para el hombre-sujeto.

Todo el empeño del autor se basó en la búsqueda de ese hombre-sujeto que necesariamente implicaría una sociedad también sujeto. Siempre creyó que dentro de las condiciones históricas de su sociedad era indispensable una amplia concienciación de las masas brasileñas, a través de una educación que les hiciese posible la autorreflexión sobre su tiempo y su espacio. El autor estaba y está convencido de que la "elevación del pensamiento" de las masas "que suele llamarse apresuradamente politización", como se refiere Fanon en *Los condenados de la tierra*, y que constituyó para ellos una forma de "ser responsable en los países subdesarrollados", comienza exactamente con esta autorreflexión. Autorreflexión que las llevará a la consecuente profundización de su toma de conciencia y de la cual resultará su inserción en la historia, ya no como espectadores, sino como actores y autores.

Sin embargo, el autor nunca pensó ingenuamente que la práctica de tal educación que respeta en el hombre su vocación ontológica de ser sujeto pudiese ser aceptada por aquellas fuerzas cuyo interés básico es la alienación del hombre y de la sociedad brasileña y la mantención de esta alienación. De ahí que se utilizaran todas las armas posibles contra cualquier tentativa de concienciar, hecho que se consideraba una seria amenaza a sus privilegios. Es verdad tanto ayer como hoy como mañana, allí o en cualquier parte, que estas fuerzas distorsionan la realidad y tratan de elevarse como defensoras del hombre, de su dignidad, de su libertad, tildando todo esfuerzo de verdadera liberación de "peligrosa subversión", de "masificación", de "lavado cerebral", todo eso producto de demonios, enemigos del hombre y de la civilización occidental cristiana. En verdad, son ellas las que masifican en la medida en que domestican y endemoniadamente se "apoderan" de los estratos más ingenuos de la sociedad, en la medida en que dejan en cada hombre la sombra de la opresión que lo aplasta. Expulsar esta sombra por la concienciación es una de las tareas fundamentales de una educación realmente liberadora y que como tal respete al hombre como persona. Este ensayo intenta hacer un poco de historia de los fundamentos y de los resultados de esta clase de empeño en el Brasil, que costó a su autor, obviamente, el alejamiento de sus actividades universitarias, prisión, exilio. Empeño del que no se arrepiente y que le valió también comprensión y apoyo de estudiantes, de intelectuales, de hombres simples del pueblo, comprometidos todos ellos en el esfuerzo humanizador y liberador del hombre y de la sociedad brasileña. A éstos, muchos de los cuales están sufriendo prisión y exilio por el valor de su rebeldía y por la valentía de su amor, ofrece el autor este ensayo.

PAULO FREIRE
Santiago, primavera de 1965.

1. La sociedad brasileña en transición

El concepto de las relaciones de la esfera puramente humana guarda en sí, como veremos, connotaciones de pluralidad, trascendencia, crítica, consecuencia y temporalidad. Las relaciones que el hombre traba en el mundo con el mundo (personales, impersonales, corpóreas e incorpóreas) presentan tales características que las diferencian claramente en meros contactos, típicos de la esfera animal. Entendemos que, para el hombre, el mundo es una realidad objetiva, independiente de él, posible de ser conocida. Sin embargo, es fundamental partir de la idea de que el hombre es un ser de relaciones y no sólo de contactos, no sólo está *en* el mundo sino *con* el mundo. De su apertura a la realidad, de donde surge el ser de relaciones que es, resulta esto que llamamos estar *con* el mundo.

Hay una pluralidad en las relaciones del hombre con el mundo, en la medida en que responde a la amplia variedad de sus desafíos, en que no se agota en un solo tipo ya establecido de respuesta. Su pluralidad no se da frente a los diferentes desafíos que parten de su contexto, sino frente a un mismo desafío. En el juego constante de sus respuestas, se altera en el propio acto de responder. Se organiza. Elige la mejor respuesta. Se prueba. Actúa. Hace todo eso con la certeza de quien usa una herramienta, con la conciencia de quien está delante de algo que lo desafía. En las relaciones que el hombre establece con el mundo existe, por eso mismo, una pluralidad dentro de la propia singularidad. Y existe también una nota de crítica. La captación tanto de los datos objetivos de su realidad como de los lazos que unen un dato con otro, o un hecho con otro, es naturalmente crítica, por ello reflexiva y no refleja, como se daría en la esfera de los contactos. Por otro lado, el hombre, y solamente él, es capaz de trascender. Su trascendencia se acrecienta no sólo en su cualidad "espiritual", en el sentido en que la estudia Erich Kahler.[1] No es exclusivamente la transitividad de su conciencia lo que le permite autoobjetivarse, y a partir de ahí reconocer órbitas existenciales diferentes, distinguir un "yo" de un "no yo". Su trascendencia, para nosotros, se basa también en la raíz de su finitud, en la conciencia que tiene de esta finitud, del ser inacabado que es y cuya plenitud se halla en la unión con su Creador. Unión que, por la propia esencia, jamás será de dominación o de domesticación, sino siempre de liberación. De ahí que la religión —*religare*— que encarna este sentido trascendental de las relaciones del hombre jamás debe ser un instrumento de su alienación. Exactamente por ser finito e indigente tiene el hombre, en la trascendencia por el amor, la posibilidad de retornar a su fuente, que lo libera. En el acto de discernir por qué existe[2] y no sólo por qué vive se halla la raíz del descubrimiento de su temporalidad, que comienza precisamente cuando, traspasando el tiempo

1 Kahler afirma, en la introducción de su libro, que intentará "escribir la historia biográfica del hombre, de modo que nos permita formar una opinión sobre su futuro". En una perspectiva antropológico-filosófica, buscando una respuesta a "qué es el humano", analiza algunas de estas visiones para, en cierta forma apoyado en Scheler y Niebuhr, desarrollar lo que cree que es la cualidad "espiritual" del hombre. (*Historia universal del hombre.*)
2 Existir es más que vivir porque es más que estar en el mundo. Es estar en él y con él. Y esa capacidad o posibilidad de unión comunicativa del existente con el mundo objetivo, contenida en la propia etimología de la palabra, da al existir el sentido de crítica que no hay en el simple vivir. Trascender, discernir, dialogar (comunicar y participar) son exclusividades del existir. El existir es individual; con todo, sólo se da en relación con otros seres, en comunicación con ellos. Sobre este aspecto véase Jaspers en *Origen y metas de la historia* y *Razón y antirrazón de nuestro tiempo*.

en cierta forma entonces unidimensional, comprende el ayer, reconoce el hoy y descubre el mañana. En la historia de su cultura uno de sus primeros discernimientos será el del tiempo, el de la dimensionalidad del tiempo. El "exceso" de tiempo en el cual vivía el hombre de las culturas iletradas perjudicaba su propia temporalidad, que conoce mediante el discernimiento a que ya nos referimos y con la conciencia de esta temporalidad, la de su historicidad. El gato no tiene historicidad debido a su incapacidad de emerger del tiempo, de discernir y trascender; por lo tanto, se mantiene ahogado en un tiempo totalmente unidimensional: un hoy constante, de quien no tiene conciencia. El hombre existe —*existere*— en el tiempo. Está dentro. Está fuera. Hereda. Incorpora. Modifica. Por que no está preso en un tiempo reducido, en un hoy permanente que lo abruma. Emerge de él. Se moja en él. Se hace temporal.

En la medida en que emerge del tiempo, liberándose de su unidimensionalidad, discerniéndola, sus relaciones con el mundo se impregnan de un sentido consecuente. En verdad, se afirma que la posición común del hombre en el mundo, visto no sólo como estando en él sino como él, no se agota en mera pasividad. Puede interferir, ya que no sólo se reduce a una de las dimensiones de las que participa —la natural y la cultural—, de la primera por su aspecto biológico, de la segunda por su poder creador. Su injerencia, salvo por accidente o distorsión, no le permite ser un simple espectador, a quien no le es lícito interferir en la realidad para modificarla. Heredando la experiencia adquirida, creando y recreando, integrándose a las condiciones de su contexto, respondiendo a sus desafíos, objetivándose a sí mismo, discerniendo, trascendiendo, se lanza el hombre a un dominio que le es exclusivo, el de la historia y de la cultura.[3]

La integración en su contexto —que resulta de estar no sólo en él, sino con él, y no de la simple adaptación, acomodamiento o ajuste,

---

3 Kahler, *op. cit.*

comportamiento propio de la esfera de los contactos, síntoma de su deshumanización—4 implica que tanto la visión de sí mismo como la del mundo no pueden hacerse absolutas y al mismo tiempo hacerlo sentir desamparado o inadaptado. Su integración lo arraiga. Hace de él, usando la feliz expresión de Marcel, un ser "situado y adaptado". De ahí que la masificación implique el desarraigo del hombre, su "destemporalización", su acomodamiento, su ajuste.

Si no se diese esta integración, que es una característica de sus relaciones y que se perfecciona en la medida en que la conciencia se torna crítica, sería apenas un ser acomodado, o ajustado, y la historia y la cultura, dominios exclusivamente suyos, no tendrían sentido. Les faltaría la marca de la libertad. Por eso, cada vez que se le limita la libertad, se transforma en un ser meramente ajustado o acomodado. Es por eso por lo que, minimizado y cercenado, acomodado a lo que se le imponga, sin el derecho a discutir, el hombre sacrifica inmediatamente su capacidad creadora. Esparta no se compara con Atenas; Toynbee nos advierte la inexistencia del diálogo en aquélla y la disposición permanente de la segunda a la discusión y al debate de las ideas. La primera "cerrada", la segunda "abierta"; la primera rígida, la segunda plástica, dispuesta a lo nuevo.

4 Insistiremos, en todo el curso de nuestro estudio, en la *integración* y no en el *acomodamiento*, como actividad de la órbita puramente humana. La integración resulta de la capacidad de ajustarse a la realidad más la de transformarla, que se une a la capacidad de optar, cuya nota fundamental es la crítica. En la medida en que el hombre pierde la capacidad de optar y se somete a prescripciones ajenas que lo minimizan, sus decisiones ya no son propias, porque resultan de mandatos extraños, ya no se integra. *Se acomoda, se ajusta.* El hombre integrado es el hombre *sujeto.* La adaptación es así un concepto pasivo, la integración o comunión es un concepto activo. Este aspecto pasivo se revela en el hecho de que el hombre no es capaz de alterar la realidad; por el contrario, se altera a sí mismo para adaptarse. La adaptación posibilita apenas una débil acción defensiva. Para defenderse, lo más que hace es adaptarse. De ahí que al hombre indócil, con ánimo revolucionario, se lo llame subversivo, inadaptado.

Por otro lado, los contactos propios de la esfera animal implican, contrariamente a las relaciones, respuestas singulares, reflejas y no reflexivas, culturalmente inconsecuentes. De ello resulta el acomodamiento, no la integración. Por lo tanto, mientras que el animal es esencialmente un ser acomodado y ajustado, el hombre es un ser integrado. Su gran lucha viene siendo, a través del tiempo, la de superar los factores que lo hacen acomodado o ajustado. Es la lucha por su humanización amenazada constantemente por la opresión que lo ahoga, casi siempre practicada —y eso es lo más doloroso— en nombre de su propia liberación.

A partir de las relaciones del hombre con la realidad, resultantes de estar con ella y en ella, por los actos de creación, recreación y decisión, éste va dinamizando su mundo. Va dominando la realidad, humanizándola, acrecentándola con algo que él mismo crea; va temporalizando los espacios geográficos, hace cultura. Y este juego de relaciones del hombre con el mundo y del hombre con los hombres, desafiando y respondiendo al desafío, alterando, creando, es lo que no permite la inmovilidad, ni de la sociedad ni de la cultura. Y en la medida en que crea, recrea y decide se van conformando las épocas históricas. El hombre debe participar de estas épocas también creando, recreando y decidiendo.

Y lo hará mejor, cada vez que integrándose al espíritu de ellas se apropie de sus temas fundamentales, reconozca sus tareas concretas. Una de las grandes —si no la mayor— tragedias del hombre moderno es que hoy, dominado por la fuerza de los mitos y dirigido por la publicidad organizada, ideológica o no, renuncia cada vez más, sin saberlo, a su capacidad de decidir. Está siendo expulsado de la órbita de las decisiones. El hombre simple no capta las tareas propias de su época, le son presentadas por una elite que las interpreta y se las entrega en forma de receta, de prescripción a ser seguida. Y cuando juzga que se salva siguiendo estas prescripciones, se ahoga en el anonimato, índice de la masificación, sin esperanza y sin fe, domesticado y acomodado: ya no es *sujeto*. Se rebaja a ser puro *objeto*. Se "*cosifica*".[5]

Se liberó —dice Fromm— de los vínculos exteriores que le impiden trabajar y pensar de acuerdo con lo que había considerado adecuado. Ahora —continúa— sería libre de actuar según su propia voluntad, si supiese lo que quiere, piensa y siente. Pero no sabe. *Se ajusta* [el destacado es nuestro] al mandato de las autoridades anónimas y adopta un *yo* que no le pertenece. Cuanto más procede de este modo, tanto más se siente forzado a conformar su conducta a la expectativa ajena. A pesar de su disfraz de iniciativa y optimismo, el hombre moderno está oprimido por un profundo sentimiento de impotencia que lo mantiene como paralizado, frente a las catástrofes que se avecinan.

Por eso, sin tardanza, señálase la necesidad de una permanente actitud crítica, único medio por el cual el hombre realizará su vocación natural de integrarse, superando la actitud del simple ajuste o acomodamiento, comprendiendo los temas y las tareas de su época. Ésta, por otro lado, se realiza en la proporción en que sus temas son captados y sus tareas realizadas.[6] Y se supera en la medida en que temas y tareas ya no corresponden a los nuevos deseos que surgen, que exigen, incluso, una visión nueva de los viejos temas. Una época histórica representa, así, una serie de aspiraciones, de deseos, de valores, en búsqueda de su plenitud. Formas de ser, de comportarse, actitudes más o menos generalizadas, a las cuales sólo los avanzados, los genios, oponen dudas o sugieren reformulaciones. Se insiste en el papel que deberá tener el hombre en la planificación y en la superación de esos valores, de esos deseos, de esas aspiraciones. Su hu-

---

5 Erich Fromm, *El miedo a la libertad*, pp. 275-6.
6 Hans Freyer, *Teoría de la época actual*.

manización o deshumanización, su afirmación como *sujeto* o minimización como *objeto* dependen en gran parte de la captación o no de esos temas. Cuanto más dinámica es una época para gestar sus propios temas, tiene el hombre que utilizar, como señala Barbu, "cada vez más funciones intelectuales y cada vez menos funciones puramente instintivas y emocionales".[7] Exactamente porque sólo en la medida en que se prepara para esta captación podrá interferir y no sólo permanecer como simple espectador, ajustado a las prescripciones ajenas que, dolorosamente, juzga como sus propias opciones.

Pero, desgraciadamente, vemos cada vez más —con más fuerza aquí, menos allí, en cualquiera de los submundos en que el mundo se divide— al hombre simple, oprimido, disminuido y acomodado, convertido en espectador, dirigido por el poder de los mitos creados para él por fuerzas sociales poderosas y que, volviéndose a él, lo destrozan y aniquilan. Es el hombre trágicamente asustado, que teme la convivencia auténtica y que duda de sus posibilidades. Al mismo tiempo, se inclina a un gregarismo que implica, junto al miedo a la soledad, que se prolonga como "miedo a la libertad", la yuxtaposición del individuo a quien le falta un vínculo crítico y amoroso, que lo transformaría en una unidad cooperadora, que sería la convivencia auténtica. "El espíritu gregario —dice un personaje de Pasternack— es siempre el refugio del que carece de dones."[8] Es la armadura a la que el hombre se esclaviza y dentro de la cual ya no ama. Cuanto menos pueda visualizar esta tragedia tanto más aceleradamente se irá transformando en el rinoceronte de Ionesco.[9] Ya no sabrá nada

7 Zevedei Barbu, *Democracy and Dictatorship.*
8 Boris Pasternack, *Doctor Jivago.*
9 En reciente ensayo, Guerreiro Ramos opone al "rinocerontismo" lo que él llama "hombre parentético", el hombre que pone siempre entre "paréntesis" antes de decidirse a optar. "El hombre parentético no es un escéptico ni un tímido. Es crítico." Hay una cierta relación entre el hombre parentético de Guerreiro Ramos y la "imaginación sociológica" de Wright Mills.

más, salvo que es lindo ser rinoceronte. Y sin la capacidad de visualizar esta tragedia, de captar críticamente sus temas, de conocer para interferir, es arrastrado por el juego de los propios cambios y manipulado por las ya mencionadas prescripciones que le
son impuestas o casi siempre suavemente ofrecidas. Sólo percibe
que los tiempos cambian, pero no percibe el significado dramático del paso aun cuando lo sufra. Está inmerso en él.

Las sociedades que viven este paso, esta transición de una
época a otra, exigen, por la rapidez y flexibilidad que las caracteriza, la formación y el desarrollo de un espíritu también flexible.
El uso, repitiendo a Barbu, de "funciones cada vez más intelectuales y cada vez menos instintivas y emocionales", para lograr la
integración del hombre, a fin de que pueda percibir las fuertes
contradicciones profundizadas por el choque entre los valores
que emergen en búsqueda de afirmación y plenitud y los valores
del *ayer*, en búsqueda de preservación. Es este choque entre un
ayer diluyéndose, pero queriendo permanecer, y un *mañana* por
consustanciarse lo que caracteriza el tránsito de un tiempo anunciador. Se verifica, en estas fases, un tenor altamente dramático
en los cambios de los que se nutre la sociedad. Es precisamente
un tiempo de opciones porque es dramático y desafiante.[10] Son
opciones realmente en la medida en que nacen de un impulso
libre, como resultado de la captación crítica del desafío, para
que sean conocimiento transformado en acción. Dejarán de
serlo en la proporción en que expresen la expectativa de otros.

La época transicional, aun cuando se nutre de cambios, es
más que simples cambios. Implica realmente, en esta marcha

---

10 El momento de tránsito propicia lo que venimos llamando, en
lenguaje figurado, la "pororoca" histórico-cultural. Contradicciones
cada vez más fuertes entre formas de ser, de visualizar, de
comportarse, de valorar, del *ayer*, y otras formas de ser, de visualizar
y de valorar el futuro. En la medida en que se profundizan las
contradicciones la "pororoca" se hace más fuerte y "su" clima se
torna más y más emocional.

acelerada que lleva la sociedad, la búsqueda de nuevos temas y de nuevas tareas. Y si todo tránsito es cambio, no todo cambio es tránsito. Los cambios se realizan en una misma unidad del tiempo histórico cualitativamente invariable, sin afectarlos profundamente. Se verifican en el juego normal de las alteraciones sociales que resultan de la propia búsqueda de plenitud que el hombre tiende a dar a los temas. Cuando estos temas comienzan a perder significado y nuevos temas emergen, es señal de que la sociedad comienza su paso hacia una nueva época. En esos momentos, lo repetimos, se hace indispensable, más que nunca, la integración del hombre, su capacidad de comprender el misterio de los cambios, sin que sea un simple juguete de ellos.

Brasil vivía exactamente este paso de una época a otra. De ahí que no fuera posible para el educador discutir el tema específico, desligado de la totalidad del nuevo clima cultural que se iniciaba; no podía obrar aisladamente. ¿Qué temas y qué tareas comenzaban a perder significado dentro de la sociedad brasileña y la llevaban a la superación de una época y al inicio de otra? Todos los temas y todas las tareas características de una "sociedad cerrada";[11] su alienación cultural, de la cual nacía su posición como sociedad "refleja" y a la cual correspondía una tarea alienada y alienante de sus elites, distanciadas del pueblo, superpuestas a su realidad. Pueblo "inmerso" en el proceso inexistente en cuanto a su capacidad de decidir a quién correspondía una mínima tarea, siempre oprimido, ser guiado por los apetitos de la elite que estaba sobre él. Ninguna vinculación dialogal se daba entre estas elites y estas masas, cuya tarea era únicamente seguir y obedecer. Sociedad incapaz de conocerse a sí misma, resultando pues como tarea preponderante la importación de modelos, lo que Guerreiro Ramos llamó "ejemplificación". Algunos de sus temas propios, vislumbrados alguna vez desde la colonia por alguno que otro vanguardista, terminaban casi siempre por

11 Karl Popper, *La sociedad democrática y sus enemigos.*

distorsionarse por las mismas condiciones de la alienación, al ser considerados tareas.

Al caer la sociedad, toda la temática y el conjunto de tareas asumirán una nueva coloración. En la "sociedad cerrada", temas como democracia, participación popular, libertad, propiedad, autoridad, educación y muchos otros, de los cuales surgían tareas específicas, tenían una tónica y una significación que ya no satisfacía a la sociedad en tránsito.[12] Nuestra preocupación, difícil por otra parte, era la captación de nuevos deseos, la visión nueva de viejos temas que, consustanciándose, nos llevarían a una "sociedad abierta", pero que distorsionándose podrían llevarnos a una sociedad de masas en la que el hombre estaría acomodado y domesticado, dejando de lado su espíritu crítico. Por eso, la educación dentro de este tránsito adquirirá mayor importancia. Su fuerza se basaría sobre todo en la aptitud que tuviésemos para incorporarnos al dinamismo del tránsito. Dependería de que pudiésemos distinguir lúcidamente lo que estuviese en él pero no fuese de él, de lo que estando en él fuese realmente suyo. Siendo el tránsito el eslabón entre una época que se perdía y una nueva que se iba consustanciando, tiene algo de prolongación y algo de adentramiento. Prolongación de la vieja sociedad que se quería preservar en el tiempo transicional. De adentramiento en la nueva sociedad que se anunciaba y que a través de la transición se engendraba en la vieja. De ahí que la época de tránsito era el tiempo anunciador a que ya nos referimos. Su tendencia era, por las mismas contradicciones de las que se nutría, constituirse en el escenario de la nueva visión que superaba la vieja. Esto no significaba, con todo, que este embate entre los viejos y los nuevos temas o una visión renovada de los primeros resultase una victoria fácil, sin sacrificios. Es preciso que los vie-

12 Nos parece que esto ocurre en el reciente golpe de Estado, que exige una nueva óptica para considerar las tareas y los temas que hasta hace poco eran característicos de la fase de tránsito.

jos agoten sus vigencias cediendo lugar a los nuevos. Es por esto por lo que el dinamismo del tránsito se da en idas y venidas, avances y retrocesos, que confunden aún más al hombre. Y a cada retroceso, si le falta la capacidad de percibir el misterio de su tiempo, puede corresponder una trágica desesperanza. Un miedo generalizado.

Por otro lado, los retrocesos no detienen la transición; los retrocesos no son un paso atrás, sólo la retardan o la tuercen. Los nuevos temas, o la nueva visión de los viejos, reprimidos durante los retrocesos, "insisten" en su marcha hasta que, agotada la vigencia de los viejos temas, alcanzan su plenitud y la sociedad entonces se encuentra nuevamente en su ritmo normal de cambio, a la espera del nuevo momento en que el hombre se humanice cada vez más.

Por eso es que el momento del tránsito pertenece mucho más al mañana, al nuevo tiempo, que al viejo. Y es que tiene algo en él que no es de él, en cuanto puede ser del mañana.

El punto de partida de nuestro tránsito es exactamente aquella sociedad cerrada a que ya nos referimos. La sociedad crece teniendo el centro de decisión de su economía fuera de ella, que, por eso mismo, está guiada por un mercado externo. Es exportadora de materias primas, crece hacia afuera, es depredatoria; sociedad refleja en su economía, en su cultura, por lo tanto alienada, objeto y no sujeto de sí misma. Sin pueblo. Antidialogal; dificulta la movilidad social vertical ascendente, no tiene vida urbana o, si la tiene, es precaria, con alarmantes índices de analfabetismo, aún hoy presistentes, es atrasada y está guiada por una elite superpuesta a su mundo sin integrarse en él.

Esta sociedad se destruyó. La hendidura surgió de la ruptura de las fuerzas que mantenían el equilibrio de esta "sociedad cerrada". Las alteraciones económicas, más fuertes en este siglo, y que comenzaron incipientemente en el siglo pasado, con los primeros signos de industrialización, fueron los principales factores de la destrucción de nuestra sociedad. Si bien aún no llegamos a ser una sociedad propiamente abierta, ya no éramos una sociedad totalmente cerrada. Éramos una sociedad en apertura, preponderantemente en los centros urbanos y aún cerrada en los rurales, que corría el riesgo, dados los posibles retrocesos como el actual golpe de Estado, de un retorno catastrófico a la sociedad cerrada.[13]

No es necesario señalar demasiado esta obviedad: nuestra salvación democrática se basaría en una sociedad homogéneamente abierta. Esta apertura constituía uno de los desafíos fundamentales para una respuesta adecuada. Adecuada y difícil, ya que en sí misma se encontraba envuelta en una serie de fuerzas contradictorias internas y externas, que pretendían superar la situación dramática de la cual había nacido y lograr pacíficamente las soluciones deseadas. Estas fuerzas estaban convencidas, frente al creciente emerger popular y al propio proceso de "democratización fundamental" de la época de tránsito, de que la apertura de la sociedad brasileña y su autonomía se harían en términos realmente pacíficos. Otras, a toda costa, buscaban reaccionariamente detener el avance y hacernos permanecer indefinidamente en el estado en que nos encontrábamos, aun llevarnos a un retroceso en el cual las masas que emergían, si bien ya no podían volver a estar inmersas, se mantuviesen en la inmovilidad y en el mutismo, siempre en nombre de su propia libertad.

En este momento, los hombres y las instituciones se dividían en reaccionarios y progresistas aun cuando había categorías intermedias. En hombres e instituciones que sólo estaban *en* tránsito y hombres e instituciones que no sólo estaban *en* tránsito sino *eran* del tránsito. En la medida, entonces, en que las contradicciones se profundizaban entre los viejos y los nuevos temas, o entre la visión anterior y la actual de los mismos temas, provocaban en el hombre brasileño el surgimiento de actitudes optativas. Éstas, ya lo afirmamos, sólo lo son en términos auténticos en

---

13 Celso Furtado, *Reflexões sobre a pre-revolução brasileira*.

la proporción en que resulten de una captación crítica del desafío y no sean el resultado de prescripciones o de expectativas ajenas. Hecha la opción, por la profundización de las contradicciones, que provocaba un clima emocional, la tendencia era radicalizarse en la opción.

La radicalización, que implica el enraizamiento que el hombre hace en la opción, es positiva, porque es preponderantemente crítica. Crítica y amorosa, humilde y comunicativa. El hombre radical en su opción no niega el derecho a otro de optar. No pretende imponer su opción, dialoga sobre ella. Está convencido de su acierto, pero respeta en otro el derecho de juzgarse también dueño de la verdad; intenta convencer y convertir, pero no oprime a su oponente; tiene el deber, por una cuestión de amor, de reaccionar con violencia a los que pretenden imponerle silencio.[14] A los que, en nombre de la libertad, matan, en sí y en él, la propia libertad. La posición radical que es amorosa no puede ser autoflagelante. No puede acomodarse pasivamente frente al poder exacerbado de algunos que lleva a la deshumanización de todos, incluso de los poderosos. El mal residía en que,

14 Toda relación de dominación, de explotación, de opresión ya es en sí violencia. No importa que se haga a través de medios drásticos o no. Es, a un tiempo, desamor y un impedimento para el amor. Obstáculo para el amor en la medida en que el dominador y dominado, dehumanizándose el primero por exceso y el segundo por falta de poder, se transforman en cosas. Y las cosas no aman. Pero, generalmente, cuando el oprimido se rebela legítimamente contra el opresor, en quien identifica la opresión, se lo califica de violento, bárbaro, inhumano, frío. Es que entre los incontables derechos que se adjudica para sí la conciencia dominadora incluye el de definir la violencia, caracterizarla, localizarla. Y si este derecho le asiste, con exclusividad, no será en sí misma donde encontrará la violencia. No será a sí mismo a quien llamará violento. En verdad, la violencia del oprimido, además de ser mera respuesta en que revela el intento de recuperar su humanidad, es, en el fondo, lo que recibió del opresor. Tal como lo señala Fanon, es con él con quien el oprimido aprende a torturar. Con una sutil diferencia en este aprendizaje: el opresor aprende al torturar al oprimido. El oprimido al ser torturado por el opresor.

no estando preparado para la captación crítica del desafío, juguete de la fuerza de las contradicciones, el hombre brasileño y aun sus elites venían desembocando en el sectarismo y no en las soluciones radicales. Y el sectarismo tiene una matriz preponderantemente emocional y acrítica, es arrogante, antidialogal y por eso anticomunicativa. Es reaccionaria, sea asumida por un derechista, que para nosotros es un sectario de "nacimiento", o un izquierdista. El sectario nada crea porque no ama. No respeta la opción de los otros. Pretende imponer la suya —que no es opción sino fanatismo— a todos. De ahí la inclinación del sectario al activismo, que es la acción sin control de la reflexión. De ahí su gusto por eslóganes que difícilmente sobrepasan la esfera de los mitos y, por eso mismo, mueren en sus mismas verdades, porque se nutren de lo puramente "relativo, a lo que se le atribuyen valores absolutos".[15]

El radical,[16] por el contrario, rechaza el activismo y somete siempre su acción a la reflexión. El sectario, sea de derecha o de

15 Tristao de Ataíde, *Mitos do nosso tempo*.

16 En la actualidad brasileña, las posiciones radicales, en el sentido que les damos, las asumían principalmente, aun cuando no exclusivamente, los grupos de cristianos para quienes la "historia", en las palabras de Mounier, tiene sentido: la historia del mundo, primeramente, y en segundo lugar la historia del hombre. Ésta es la primera de las cuatro ideas fundamentales que Mounier establece al discutir la cuestión del progreso como tema moderno. La "segunda es que ese movimiento, el progreso, va de un impulso profundo, continuo, a un impulso mejor, complicado por diversas visicitudes, y ese movimiento es un movimiento de liberación del hombre". La tercera es que el desarrollo de las ciencias y las técnicas, que caracteriza la edad moderna occidental y se dispersa por toda la Tierra, constituye un momento decisivo de esta liberación. La última, dice Mounier, es que en esa ascensión el hombre tiene la misión gloriosa de ser el autor de la propia liberación. Las posiciones irracionalmente sectarias, aun de cristianos, no entendían o no querían entender la búsqueda de integración con los problemas de tiempo y espacio del país, hecha por los radicales. No entendían su preocupación por el progreso del cual resultaría la liberación del hombre. De ahí que esas posiciones radicales fueran catalogadas de deshumanizadoras del hombre brasileño.

izquierda, se enfrenta a la historia como su único hacedor, como su propietario; difieren porque, mientras que uno pretende detenerla, el otro pretende anticiparla.

Si la historia es obra suya, si les pertenece, puede, uno de ellos, detenerla cuando quiera, y el otro, si es que le parece, anticiparla. De ahí que se identifiquen en la imposición de sus convicciones, en la reducción del pueblo a masa. El pueblo no cuenta ni pesa para el sectario, salvo como apoyo a sus fines. Debe presentar el proceso activamente. Será un juguete de la propaganda que intoxica y que no advierte. No piensa. Piensan por él y se considera protegido por el sectario que jamás hará una revolución verdaderamente liberadora precisamente porque tampoco él es libre. Para el radical, que no puede ser un centrista o un derechista, no se detiene ni se anticipa la historia sin que se corra el riesgo de un castigo. No es mero espectador del proceso, sino sujeto, en la medida en que es crítico y capta sus contradicciones. No es tampoco su propietario. Reconoce, entonces, que si no puede detener ni anticipar puede y debe, como sujeto, con otros sujetos, en la medida en que conoce, ayudar y acelerar las transformaciones.

En cuanto a Brasil, la supremacía no venía siendo de los radicales, sino de los sectarios, sobre todo de los de derecha. Esto es lo que nos hacía temer por los destinos democráticos del país, por la humanización del hombre brasileño, amenazado por los fanatismos que separan a los hombres, embrutecen y generan odios. Fanatismo que se nutría en gran parte del irracionalismo que brotaba de la profundización de las contradicciones y que afectaba igualmente el sentido de esperanza que envolvía el tránsito. Esta esperanza[17] amenazada tenía, por un lado, sus raíces en el propio pa-

17 El clima de esperanza de las sociedades desalienadas, que se vuelven sobre sí mismas, autoobjetivándose, corresponde al proceso de apertura en que ellas se comprenden. Cualquier amenaza de retroceso en este tránsito del que el irracionalismo sectario es causa y efecto, y del cual resulta un retorno al período cerrado, constituye un impacto destructivo o casi destructivo de la esperanza.

saje que hacía la sociedad brasileña de su *status* anterior, colonial, de sociedad puramente refleja, hasta ser sujeto de sí misma. En verdad, en las sociedades alienadas, condición de donde partíamos, las generaciones oscilan entre el optimismo ingenuo y la desesperación. Incapaces de crear proyectos autónomos de vida, buscando en trasplantes inadecuados la solución para los problemas de su contexto, son así utópicamente idealistas, para hacerse después pesimistas y desesperadas. El fracaso de sus empresas, basado en su poca organización, confunde sus elites y las conserva en una posición ingenua frente a sus problemas. Su gran preocupación no es, en verdad, ver su contexto críticamente. Se integra con él y en él. De ahí que se superpongan recetas tomadas en préstamo. Como son recetas trasplantadas, no nacen del análisis crítico de su propio contexto, resultan inoperantes, no fructifican, se deforman en la rectificación que les hace la realidad. Esta sociedad, al insistir tanto en soluciones de este tipo sin la debida "reducción"[18] que las adecuaría a las condiciones del medio, provoca desánimo y actitudes de inferioridad en sus generaciones más viejas.

Un día, en el proceso histórico de esa sociedad, suceden hechos nuevos que provocan los primeros intentos de volver sobre

---

Presentíamos que el Brasil marchaba hacia la tragedia de un retroceso. Y la esperanza que nacía del descubrimiento que la sociedad comenzaba a hacer de sí misma como inacabada sería diluido bajo la presión loca de los irracionalismos. El descubrimiento del ser inacabado hacía de la esperanza una leyenda que, amenazada por aquella locura, dejaría a la sociedad "condenada a morir de frío". Como morir de frío es el destino de los que no ven, sean hombres o sociedades. Sólo en la búsqueda de una renovación estará su vitalidad. Sólo en la convicción permanente del ser inacabado puede encontrar el hombre y las sociedades el sentido de esperanza. Quien se juzga acabado estará muerto. No descubre siquiera su indigencia. La sociedad brasileña, que iniciaba el aprendizaje de la esperanza, puede ahora, antes de juzgarse ilusoriamente acabada, asistir a la destrucción de su esperanza. Y sus generaciones más jóvenes caen en una apatía, en una alienación, en un activismo nuevo. Todo desesperanza.
18 Véase Guerreiro Ramos, *A redução sociológica*.

sí misma. Un nuevo clima cultural comienza a formarse. Representantes de elites dirigentes, hasta entonces inauténticas por estar supuerpuestas a su mundo, comienzan a integrarse en él. Un mundo nuevo se eleva delante de ellos, con matices hasta entonces desconocidos. Ganan, poco a poco, la conciencia de sus posibilidades, como resultado inmediato de su inserción en su mundo y de la captación de las tareas de su tiempo o de la nueva visión de los viejos temas. Comienzan a hacerse críticos y, por ello, renuncian tanto al optimismo ingenuo como a los idealismos utópicos; y en cuanto al pesimismo y a la desesperación, se tornan críticamente optimistas. Cuando comienzan a verse con sus propios ojos y se consideran capaces de proyectar, la desesperación de las sociedades alienadas pasa a ser sustituida por esperanza. Sucede esto cuando van interpretando los verdaderos deseos del pueblo. En la medida en que se van internando en su tiempo y en su espacio, en el cual, críticamente, se descubren inacabados. Realmente no hay por qué desesperarse si se tiene la conciencia exacta, crítica, de los problemas, de las dificultades y hasta de los peligros que se deben enfrentar.

He aquí que la posición anterior de autodesestimación, de inferioridad característica de la alienación, que amortece el ánimo creador de esas sociedades y las impulsa siempre a las imitaciones, comienza a ser sustituida por otra, de autoconfianza. Y los esquemas y las "recetas" antes simplemente importados pasan a ser sustituidos por proyectos y planes, resultantes de estudios serios y profundos de la realidad. La sociedad llega así a conocerse a sí misma. Renuncia a la vieja postura de objeto y va asumiendo la de sujeto. Por eso, la desesperación y el pesimismo anterior frente a su presente y futuro, como también aquel optimismo ingenuo, se sustituyen por optimismo crítico. Repitamos, por esperanza.

Es verdad que este optimismo, en tanto que crítico, no llevará a la sociedad a posiciones quietistas. Por el contrario, este optimismo nace y se desarrolla junto a un fuerte sentido de responsabilidad de los representantes de las elites que van haciéndose cada vez más auténticas, en la medida en que esta responsabilidad crece. Sería una contradicción si el optimismo crítico de esas sociedades significase un dejar correr las cosas irresponsablemente.

Este sentido de responsabilidad de las elites dirigentes, que cada vez más se identifican con el pueblo y se comunican con él a través de su testimonio y de la acción educativa, ayudará a la sociedad a evitar posibles distorsiones a las que está sujeta en su desarrollo.

Este clima de esperanza, que nace precisamente cuando la sociedad se vuelve sobre sí misma y se descubre inacabada, con un sinnúmero de tareas por cumplir, se destruye en gran parte bajo el impacto del sectarismo, que se inicia cuando, "caída" la sociedad cerrada, comienza el fenómeno que Mannheim llama "democratización fundamental" y que implica una creciente participación del pueblo en su proceso histórico. Era esta democratización la que, abriéndose en abanico y presentando dimensiones interdependientes —económica, social, política y cultural—, caracterizaba la presencia participante del pueblo brasileño que, en la fase anterior, no existía.

Anteriormente el pueblo se encontraba en una sociedad cerrada, *inmerso* en el proceso. Con la destrucción y la entrada de la sociedad en la época del tránsito, *emerge*. Si en la inmersión era puramente espectador del proceso, al emerger deja de permanecer con los brazos cruzados y renuncia a ser meramente espectador para exigir injerencia. Ya no le satisface asistir, quiere participar. Su participación, que implica una mera toma de conciencia y no una concienciación —desarrollo de la toma de conciencia—, amenaza a las elites detentoras de privilegios. Éstas se agrupan entonces para defenderlos. En un primer momento, actúan espontáneamente. En un segundo momento perciben claramente la amenaza contenida en la toma de conciencia por parte del pueblo. Se asocian. Atraen hacia sí a los "teóricos" de la "crisis", como generalmente llaman al nuevo clima cultural.

Crean instituciones asistenciales que se vuelven asistencialistas. Y, en nombre de la libertad "amenazada", repelen la participación del pueblo. Defienden una democracia *sui generis* en la que el pueblo es un enfermo al que se deben aplicar remedios. Y su enfermedad es precisamente tener voz y participación. Cada vez que intente expresarse libremente y prentenda participar, es señal de que continúa enfermo, necesitando entonces más "remedios". La salud para esta extraña democracia es el silencio del pueblo, su quietud. Es la "sociedad cerrada". Es la inmovilidad. De ahí que los defensores de este tipo de "democracia" postulen la necesidad de preservar al pueblo de lo que llaman "ideas exóticas", en último análisis: todo lo que pueda contribuir a la presencia activa del pueblo en su proceso histórico.

Llaman subversivos a aquellos que se integran en el dinamismo del tránsito y se hacen representantes de él. "Subversivos —dicen— porque amenazan el orden." Olvidan que el concepto de orden no sólo es del mundo estético, físico o ético, sino también del histórico-sociológico. Desde un punto de vista puramente ético, por ejemplo, no hubo orden en la sociedad "cerrada" de donde partimos, ya que se basaba en la explotación de muchos por parte de unos pocos. Históricamente, había "orden" en aquella sociedad, resultante del equilibrio de las fuerzas que la mantenían. Sin embargo, un "orden" que un cristiano rechazaría.

Los contingentes del "pueblo" sociológicamente inexistente, inmersos en el proceso, no percibían en términos críticos las bases expoliadoras de aquel "orden". Se acomodaban a él. A medida que comienzan a emerger en el proceso histórico, van percibiendo rápidamente que los fundamentos del "orden" que los minimizaba ya no tienen sentido. Se rebelan contra el orden, que ya es desorden, no sólo ética sino sociológicamente.

Para los representantes de las clases privilegiadas del orden anterior atacarlo, intentar democráticamente su superación, era subvertirlo. Subversión era realmente mantenerlo fuera del tiempo. Ésta es una de las grandes subversiones del golpe militar brasileño. Por eso, la actitud subversiva es esencialmente guiada por apetitos, conscientes o no, de privilegios. La subversión por tanto no es sólo de quien, no teniendo privilegios, quiera tenerlos, sino también de aquellos que teniéndolos pretenden mantenerlos.

Por eso mismo, en una sociedad en transición como la nuestra subversivo era tanto el hombre común que "emergía" en posición ingenua en el proceso histórico, en búsqueda de privilegios, como también lo era y lo es aquel que pretendía y pretende mantener un orden sin vigencia.

No es posible, o es casi imposible, vivir en una sociedad un clima histórico-cultural como éste sin que se desencadenen fuerzas intensamente emocionales que son el resultado de los propios embates de las contradicciones. Este clima emocional, que se prolonga en irracionalismos, es el que genera, alimenta y hace crecer las posiciones sectarias: los que pretendían detener la historia y mantener sus privilegios, y los que pretendían anticipar la historia, para así "acabar" con los privilegios, ambos minimizando al hombre, ambos ocasionando, con su colaboración, la masificación, la dimisión del hombre brasileño, que apenas iniciaba su admisión a la categoría de pueblo.

Y entre ellos, aun cuando fuesen centristas, oprimidos e incomprendidos, estaban los radicales —en el sentido ya expuesto— que pretendían que las soluciones ofrecidas fuesen *con el pueblo, nunca para él o sobre él.* Los que rechazaban el asistencialismo dulcificador o la fuerza impositiva, o el fanatismo de las "guerras santas", con todo su irracionalismo, y defendían las transformaciones profundas, respetando al hombre como persona, como sujeto.

A las fuerzas internas, reaccionarias, nucleadas en torno de intereses latifundistas que pretendían aplastar la democratización fundamental, se unieron inclusive fuerzas externas interesadas en que la sociedad brasileña no se transformara. Como las internas, las externas intentaban y hacían sus presiones e imposiciones y también sus dulcificaciones, sus soluciones asistencialistas.

Nos oponíamos a estas soluciones asistencialistas al mismo tiempo que no aceptábamos las demás porque tienen una doble contradicción. En primer lugar, contradecían la vocación natural de la persona —ser sujeto y no objeto— y el asistencialismo hace de quien recibe la asistencia un objeto pasivo, sin posibilidad de participar en el proceso de su propia recuperación. En segundo lugar, contradecían el proceso de "democratización fundamental" en que estábamos situados.

El gran peligro del asistencialismo está en la violencia del antidiálogo, que impone al hombre mutismo y pasividad, no le ofrece condiciones especiales para el desarrollo o la "apertura" de su conciencia, que, en las democracias auténticas, ha de ser cada vez más crítica.

Sin esta conciencia cada vez más crítica no le será posible al hombre brasileño integrarse en su sociedad en transición, intensamente cambiante y contradictoria. De ahí las relaciones de asistencialismo y masificación de las que es a un mismo tiempo efecto y causa.

Lo que importa, realmente, es ayudar al hombre a recuperarse. También a los pueblos.[19] Hacerlos agentes de su propia recuperación. Es, repitamos, ponerlos en una posición conscientemente crítica frente a sus problemas.

El asistencialismo, al contrario, es una forma de acción que roba al hombre condiciones para el logro de una de las necesidades fundamentales de su alma: la responsabilidad.

---

19 En *Mater et Magistra* de Juan XXIII, al tratar las relaciones entre naciones ricas y pobres, desarrolladas y en desarrollo, exhorta a que las primeras, en su ayuda a las segundas, no lo hagan a través de lo que llama "formas disfrazadas de dominio colonial". Que lo hagan sin interés, con la sola intención de posibilitarles el desarrollo, económica y socialmente. Y es exactamente esto lo que el asistencialismo no hace, encuadrándose en aquellas "formas de dominio colonial".

La satisfacción de esta necesidad —afirma Simone
Weil, refiriéndose a la responsabilidad— exige que el
hombre tenga que tomar a menudo decisiones en problemas grandes o pequeños, que afecten intereses aje-
nos y propios, con los cuales entonces se siente comprometido.[20]

Es exactamente por eso por lo que la responsabilidad es un hecho existencial. De ahí que ella no pueda ser incorporada al
hombre intelectual sino vivencialmente. En el asistencialismo no
hay responsabilidad, no hay decisión, sólo hay gestos que revelan
pasividad y "domesticación". Gestos y actitudes. Es esta falta de
oportunidad para decidir y para participar responsablemente lo
característico del asistencialismo que lleva en sus soluciones una
contradicción en cuanto a la vocación del hombre a ser sujeto, y
a la democratización fundamental. En verdad, no será con soluciones de este orden, internas o externas, como se ofrecerá al
país un destino democrático. Lo que se precisa urgentemente es
dar soluciones rápidas y seguras a sus problemas más angustiosos.
Soluciones, repito, *con el pueblo y nunca sobre o simplemente para él.*

Es decir, al encuentro de ese pueblo que ya emerge en los centros urbanos y lo está intentando en los rurales, y ayudarlo a *inser-
tarse* críticamente en el proceso. Y este pasaje, absolutamente indispensable para la humanización del hombre brasileño, no podría
hacerse ni mediante el engaño, ni mediante el miedo, ni mediante
la fuerza, sino con una educación que, por ser educación, habría
de ser valiente, ofreciendo al pueblo la reflexión sobre sí mismo,
sobre su tiempo, sobre sus responsabilidades, sobre su papel en la
nueva cultura de la época de transición. Una educación que le fa-
cilitase la reflexión sobre su propio poder de reflexionar y que tuviese su instrumentación en el desarrollo de ese poder, en la expli-
cación de sus potencialidades, de la cual nacería su capacidad de

20 Simone Weil, *Raíces del existir.*

opción. Educación que tomase en consideración los varios grados del poder de captación de que está posibilitado el hombre brasileño, factor de importancia fundamental para su humanización. De ahí la preocupación que siempre tuvimos en analizar estos grados de comprensión de la realidad en su condicionamiento histórico-cultural y que, a continuación, pasamos a discutir.

De su posición inicial de "intrasitividad de conciencia",[21] característica de la "inmersión" en que estaba, pasó a emerger: "transitividad ingenua".

Una comunidad preponderantemente "intransitivada" en su conciencia, como era la sociedad "cerrada" brasileña, se caracteriza por la casi total centralización de los intereses del hombre en torno a formas vegetativas de vida. Sus preocupaciones se ciñen más a lo que hay en él de vital, biológicamente hablando. Le falta tenor de vida en el plano histórico. Es la consecuencia predominante, aún hoy, de los hombres de las zonas fuertemente atrasadas del país. Esta forma de conciencia representa casi una falta de compromiso entre el hombre y su existencia. Por eso lo sujeta a un plano de vida más vegetativa, lo circunscribe a áreas estrechas de intereses y preocupaciones. Fernando de Azevedo[22] llamó "delimitada" y "vuelta sobre sí misma" a la conciencia de los hombres pertenecientes a aquellas colectividades. Escapa al hombre intransitivamente consciente la comprensión de problemas que se sitúan más allá de su esfera biológicamente vital. De ahí surge la incapacidad de captación de gran número de cuestiones que se suscitan.

Es evidente que el concepto de "intransitividad" no corresponde a un encerramiento del hombre, dominado, si así fuese, por un tiempo y un espacio todopoderoso. El hombre, cualquiera que sea su estado, es un ser abierto. Lo que pretendemos

21 Paulo Freire, *Educação e atualidade brasileira*, Recife, 1959. A este propósito, es indispensable la lectura de estudios serios y profundos del maestro brasileño Álvaro Vieira Pinto. Entre éstos, sobre todo, *Consciencia e realidade nacional*, ISEB, Río de Janeiro, 1961.
22 Fernando de Azevedo, *Educação entre dois mundos*, p. 34.

significar con la conciencia "intransitiva" es la limitación de su esfera de comprensión, es su impermeabilidad a desafíos que vengan desde afuera de la órbita vegetativa. En este sentido, y sólo en este sentido, la intransitividad representa casi una falta de compromiso del hombre con la existencia. El discernimiento se dificulta, se confunden los objetivos y los desafíos del exterior, y el hombre se hace mágico, por no captar la auténtica causalidad.

En la medida, pues, en que amplía su poder de captación y de respuesta a las sugerencias y a las cuestiones que parten del exterior y aumenta su poder de diálogo, no sólo con otro hombre sino con su mundo, se "transitiva". Sus intereses y preocupaciones se prolongan a otras esferas, no sólo a la simple esfera vital. Esta transitividad de la conciencia hace permeable al hombre. Lo lleva a vencer su falta de compromiso con la existencia, característica de la conciencia intransitiva, y lo compromete casi totalmente. Es por eso por lo que existir es un concepto dinámico; implica un diálogo eterno del hombre con el hombre, del hombre con el mundo, del hombre con su Creador. Es este diálogo del hombre sobre el mundo y con el mundo mismo, sobre sus desafíos y problemas, lo que lo hace histórico. Por eso, nos referimos a la falta de compromiso del hombre preponderantemente intransitivado con su existencia. Y al plano de vida más vegetativo que histórico, característico de la intransitividad.

La conciencia transitiva es, entonces, en un primer estado, preponderantemente ingenua. La transitividad ingenua, fase en que nos hallamos hoy en los centros urbanos, más acentuada allí, menos aquí, se caracteriza, entre otros aspectos, por la simplicidad en la interpretación de los problemas. También, por la tendencia a juzgar que el tiempo mejor fue el tiempo pasado; por la subestimación del hombre común; por una fuerte inclinación al gregarismo, característica de la masificación; por la impermeabilidad a la investigación, a la cual corresponde un gusto acentuado por las explicaciones fabulosas; por la fragilidad en la argumentación; por un fuerte tenor emocional; por la práctica no propiamente del diálogo sino de la polémica; por las explicaciones mágicas. Esta nota mágica, típica de la intransitividad, perdura, en parte, en la transitividad, amplía el horizonte. Se responde más abiertamente a los estímulos. Es la conciencia del hombre casi masa, en el cual el diálogo se desfigura y se distorsiona.

Es exactamente esta distorsión de la transitividad ingenua lo que llevará al hombre al tipo de conciencia que Marcel llama "fanatizada", de la cual hablaremos más adelante. Allí se encuentra uno de los grandes peligros, una de las grandes amenazas a la que el irracionalismo sectario nos está conduciendo.

Por otro lado, la transitividad crítica,[23] a que llegaríamos con una educación dialogal y activa, orientada hacia la responsabilidad social y política, se caracteriza por la profundidad en la interpretación de los problemas. Por la sustitución de explicaciones mágicas por principios causales. Por tratar de comprobar los "descubrimientos" y estar dispuesto siempre a las revisiones. Por despojarse al máximo de preconcepciones en el análisis de los problemas y en su comprensión, esforzarse por evitar deformaciones. Por negar la transferencia de la responsabilidad. Por la negación de posiciones quietistas. Por la seguridad de la argumentación. Por la práctica del diálogo y no de la polémica. Por la receptividad de lo nuevo, no sólo por nuevo, y por la no-negación de lo viejo, sólo por viejo, sino por la aceptación de ambos, en cuanto a su validez. Por inclinarse siempre a la censura. Esta

---

23 Es preciso, en verdad, no confundir ciertas posiciones, ciertas actitudes, ciertos gestos que proceden, en virtud de la promoción económica —posiciones, gestos, actitudes que se llaman toma de conciencia—, con una posición crítica. La crítica para nosotros implica que el hombre comprenda su posición dentro de su contexto. Implica su injerencia, su integración, la representación objetiva de la realidad. De ahí que la concienciación sea el desarrollo de esta toma de conciencia. No será, por eso mismo, resultado de las modificaciones económicas, por grandes e importantes que sean. La crítica, como la entendemos nosotros, ha de resultar del trabajo pedagógico crítico apoyado en condiciones históricas propicias.

posición transitivamente crítica implica un regreso a la verdadera matriz de la democracia. De ahí que esta transitividad crítica sea característica de los auténticos regímenes democráticos y corresponda a formas de vida altamente permeables, interrogadoras, inquietas y dialogales, en oposición a las formas de vida "mudas", quietas y discursivas, de las fases rígidas y militarmente autoritarias, como desgraciadamente vivimos hoy, en el retroceso que sufrimos y que los grupos usurpadores del poder pretenden presentar como un reencuentro, como una democracia.

El pasaje de la conciencia preponderantemente intransitiva a la preponderantemente transitivo-ingenua era paralelo a la transformación de las pautas económicas de la sociedad brasileña. Era un pasaje que se hacía automáticamente. En la medida en que se venía intensificando el proceso de urbanización y el hombre venía viviendo formas de vida más complejas y entrando, así, en un círculo mayor de relaciones y recibiendo mayor número de sugerencias y desafíos, se comenzaba a verificar la transitividad de su conciencia.

Lo que nos parece importante afirmar es que el otro paso, el decisivo de la conciencia dominante transitivo-ingenua hacia la dominantemente transitivo-crítica, no se daría automáticamente sino sólo por efecto de un trabajo educativo-crítico. Trabajo educativo que esté alerta del peligro que encierra la masificación en íntima relación con la industrialización que no era ni es un imperativo existencial.

Merecen en verdad meditación de nuestra parte, como participantes de una fase intensamente problemática de la vida brasileña, las relaciones entre la masificación y la conciencia transitivo-ingenua, que se distorsiona al transformarse en conciencia transitivo-crítica pudiendo llegar a posiciones peligrosamente místicas, aún más peligrosas que el tono mágico característico de la conciencia intransitiva. En este sentido la distorsión que conduce a la masificación implica un compromiso mayor con la existencia del que se da en la intransitividad.

Es que, en la medida en que el hombre se comporta con base en mayor dosis de emocionalidad que de razón, en el sentido que le da Barbu,[24] su comportamiento no resulta comprometido sino acomodado. Lo que caracteriza el comportamiento comprometido es la capacidad de opción. Ésta exige, como ya señalamos, un tenor de crítica inexistente o vagamente existente en la conciencia intransitiva.

La falta de compromiso con la existencia a que ya nos referimos, característica de la intransitividad, se manifiesta, mayormente, en acomodamiento que en integración. Pero donde el acomodamiento es aun mayor y el comportamiento del hombre se hace menos comprometido es en la masificación. En la medida, realmente, en que el hombre transitivándose no consigue la promoción de la ingenuidad a la crítica en términos obviamente preponderantes, y llega a la transitividad fanática, su falta de compromiso con la existencia es aún mayor que en la intransitividad. Es que la falta de compromiso de la intransitividad surge de una obliteración en el poder de captar la auténtica causalidad, de ahí su aspecto mágico. Si bien en la transitividad ingenua el poder de captación busca su autenticidad, en la masificación se distorsiona. De ahí su aspecto *místico*. Si el sentido mágico y la intransitividad implican una preponderancia de la lógica, lo místico con lo cual se envuelve la conciencia fanática implica una preponderancia de la irracionalidad. La posibilidad del diálogo se suprime o disminuye intensamente y el hombre queda vencido y dominado sin saberlo, aun cuando pueda creerse libre. Teme la libertad, aun cuando hable de ella. Le gustan las fórmulas generales, las prescripciones, que sigue como si fuesen opciones suyas. Es un dirigido. No se dirige a sí mismo. Pierde la dirección del amor. Perjudica su poder creador. Es objeto y no

---

24 Barbu ve la razón como "the individual capacity to grasp the order in change, and the unity in variety" [la capacidad individual de aprendeher el orden en el cambio y la unidad en la variedad], *Democracy and Dictatorship*, p. 4.

sujeto. Y para superar la masificación debe hacer, aunque no sea más que una sola vez, una reflexión sobre su propia condición de masificado.

De ahí que la conciencia transitivo-ingenua tanto puede evolucionar hacia la transitivo-crítica, característica de la mentalidad más legítimamente democrática, como puede distorsionarse hacia esa forma rebajada, ostensiblemente deshumanizada, característica de la masificación. Es la conciencia fanatizada de Marcel.[25] Así, en la medida en que, en la fase de transición brasileña, el clima emocional se intensificaba y el irracionalismo sectario sobre todo de derecha se fortalecía, se hacía cada vez más difícil una educación capaz de corresponder a este fundamental desafío, de ascender de la ingenuidad al criticismo; se robustecían las barreras contra esta educación.

Exactamente porque esta ascensión significaba una inserción del hombre en su problemática y su capacidad de optar y rechazar prescripciones, las amenazas a los privilegios se harían mayores. Y para el irracionalismo sectario la humanización del hombre era como si fuese lo opuesto, su deshumanización. Cualquier esfuerzo en ese sentido era acción subversiva. El crimen de los que se comprometían en este esfuerzo era el de creer en el hombre, cuyo destino no es cosificarse, sino humanizarse.

No vemos por eso mismo lugar para ellos, hasta que disminuya la virulencia de los irracionalismos.

Tememos que muchos de ellos, incomprendidos y marginados, "ofendidos y humillados", se ahoguen en la desesperación y pierdan así el significado de su papel en virtud del nuevo "retroceso" que los aplasta.

---

25 Gabriel Marcel, *Los hombres contra lo humano.*

2. Sociedad cerrada e inexperiencia democrática

En el capítulo anterior, donde analizamos la sociedad brasileña como una sociedad en tránsito, nos referimos a los choques entre algo que perdía sentido pero pretendía preservarse y algo que emergía y buscaba planificarse. Situamos la sociedad "cerrada" brasileña colonial, esclavizada, sin pueblo, "refleja", antidemocrática, como el punto de partida de nuestra transición. Señalamos que ésta, como tiempo renovador, era el escenario en el cual el nuevo tiempo se engendraba.

De ahí que no sea posible comprender ni la transición misma con sus avances y sus retrocesos ni su sentido de mensaje sin una visión del ayer. Sin la comprensión, en el caso particular brasileño, de uno de sus más fuertes signos, siempre presente y siempre dispuesto a florecer en las idas y venidas del proceso: *nuestra inexperiencia* democrática.

Nos interesa en este capítulo analizar la línea fundamental de este signo, que es y será uno de los puntos de estrangulamiento de nuestra democratización. No es que le adjudiquemos una fuerza todopoderosa e invencible porque nos estimásemos eternamente incapacitados para el auténtico ejercicio de la democracia. Lo que no es posible, sin embargo, es subestimarla, acordándonos de una advertencia, aparentemente obvia y absolutamente fundamental de Barbu:[1] "Mind in all its manifestations is never only what it is, but also what it was" [el pensamiento en todas sus manifestaciones nunca es sólo lo que es, sino también lo que fue]. De un modo general los estudiantes de

1 Zevedei Barbu, *Problems of Historical Psychology*, p. 9.

nuestra formación histórico-cultural han insistido directa o indirectamente en nuestra "inexperiencia democrática". Lo que caracteriza para Tocqueville la esencia de la propia democracia[2] es la ausencia, en el tipo de formación que tuvimos, de aquellas condiciones necesarias para la creación de un comportamiento que nos llevase a la creación de nuestra sociedad con "nuestras propias manos". La experiencia de autogobierno, que casi nunca experimentamos, debía habernos ofrecido un mejor ejercicio de democracia. Las condiciones estructurales de nuestra colonización no nos fueron favorables. Los analistas, sobre todo los de nuestras instituciones políticas, insisten en la demostración de esta inexperiencia. Inexperiencia democrática enraizada en verdaderos complejos culturales.

Realmente Brasil nació y creció dentro de condiciones negativas con respecto a la experiencia democrática.[3] El marcado sentido de nuestra colonización, fuertemente depredadora, la base

2 Tocqueville, *A democracia na America*.
3 Brasil nació y creció sin experiencia de diálogo. De cabeza baja, con temor a la Corona. Sin empresa. Sin relaciones. Sin escuelas. "Doliente." Sin habla auténtica. Después de una cita latina, que termina con la palabra *infans*, dice Vieira en uno de sus sermones: "Comencemos por esta palabra, *infans*, infante, quiere decir que no habla. En este estado estaba el pequeño Bautista cuando Nuestra Señora lo visitó, y en este estado estuvo durante muchos años el Brasil, que fue, a mi modo de ver, la mayor causa de sus males. Al no poder hablar, se hace difícil darle la medicina apropiada. Por eso Cristo curó con tanta dificultad y le llevó tanto tiempo el milagro de curar a un endemoniado mudo; el peor accidente que tuvo el Brasil en toda su enfermedad fue quedarse sin habla; muchas veces quiso quejarse justamente, muchas veces quiso pedir los remedios para sus males, pero siempre sus palabras se le ahogaron en la garganta, o en el respeto, o en la violencia: y si alguna vez llegó algún gemido a los oídos de quien debería haber remediado sus males llegaron al mismo tiempo que las voces del poder y vencieron los clamores de la razón" (*Sermón de la Visitación de Nuestra Señora*, predicado cuando la llegada del Marqués de Montalvo, virrey del Brasil, Hospital de la Misericordia, Bahía, *Obras completas* del padre Antonio Vieira, *Sermones*, vol. III, p. 330, Lelo & Irmaos, Editores, Porto Alegre 1959). Algunos trozos del sermón fueron citados por el profesor Berlink antes que el autor.

de la explotación económica del gran dominio en que el "poder del señor" se extendía "desde las tierras a los campesinos" y el trabajo esclavo,[4] inicialmente del nativo y posteriormente del africano, no han creado en el hombre brasileño condiciones necesarias para el desarrollo de una mentalidad permeable, flexible, característica del clima cultural democrático. Refiriéndose a la "inexperiencia política de los estratos inferiores de la población brasileña", nos advierte Cáio Prado que la economía nacional, y con ella nuestra organización social, no conformaban una estructura democrática y popular.[5]

Nuestra colonización fue sobre todo una empresa comercial. Nuestros colonizadores no tuvieron —y difícilmente podrían haberla tenido— intención de crear en la nueva tierra recién descubierta una civilización. Les interesaba la explotación comercial de la tierra.

Así se explican los años en que permaneció intocada, casi virgen, despreciada y entregada a las incursiones golosas de aventureros. Es que ante la magnificencia oriental nada teníamos que ofrecer que pudiese comparársele. Es que también, y por otro lado, la población de Portugal en la época de la conquista, siendo insignificantemente pequeña, no le permitía proyectos de población. Faltó ánimo a los colonos que se dirigían hacia acá, lo que habría dado posiblemente otro sentido al desarrollo de nuestra colonización. Les faltó "integración con la colonia", con la *nueva tierra*. Su intención preponderante era realmente la de explotarla, la de permanecer "sobre" ella, no la de permanecer *en* ella y *con* ella, integrados. Por lo tanto, difícilmente hubieran venido con ánimo de trabajarla,[6] de cultivarla.

4 "La fuerza se concentró en las manos de los señores rurales. Dueños de las tierras. Dueños de los hombres. Dueños de las mujeres. Sus casas representan este inmenso poderío feudal", Gilberto Freyre, *Casa-Grande e Senzala*, 8ª ed., p. 26, prefacio.
5 Cáio Prado, *Evolução política do Brasil e outros estudos*, p. 64, 1953.
6 Interesante la lectura del excelente estudio del profesor brasileño Viona Moog, *Bandeirantes e pioneiros*, en que analiza las formaciones brasileña y norteamericana.

En una de sus cartas, Nóbrega protesta contra el desamor a la tierra y el deseo de enriquecerse para regresar luego a Portugal, donde se dejaban todos los afectos.[7] De igual forma cuando se crearon nuevas condiciones y surgieron las contingencias que exigirían de los conquistadores más que simples factorías comerciales sin población efectiva, de las que resultaría una mayor integración del hombre con la tierra, se observó la tendencia a crear "trópicos" y establecer en ellos aquellos que dispusieran de medios para ser "buenos empresarios para un negocio productivo, pero a disgusto como trabajadores" (Cáio Prado). Así, posiblemente en parte debido a esta tendencia, marchó nuestra colonización en el sentido de la gran propiedad, de la estancia, del ingenio. Estancias e ingenios, tierras grandes, inmensas, entregadas a una sola persona que se apropiaba de ellas y de los hombres que venían a poblarla y trabajarla.

En las grandes propiedades, separadas unas de otras por las propias disposiciones legales, por leguas, no había otra forma de vida que no fuese la formada por los "moradores" de esos dominios, "protegidos" de los señores. Tenían que protegerse de las incursiones de los nativos, de la violencia arrogante de los "trópicos", así como de los ataques de otros señores. Allí se encontraban realmente las primeras condiciones culturales en que nació y se desarrolló el hombre brasileño en una época de dependencia y de mandonismo, de "proteccionismo", que aún surge entre nosotros en plena época de transición.

Aquí se hallan las raíces de nuestras tan comunes soluciones paternalistas. También allí se hallan las raíces del "mutismo bra-

---

7 "Esta tierra es tan pobre aún ahora, que dará mucho disgusto a los oficiales de V.A., que tienen allí mucho gasto y poco provecho... Y como éste es su fin principal, no aman a la tierra, pues tienen sus afectos en Portugal, ni trabajan tanto para favorecerla como para aprovecharla de la manera que puedan. Es una afirmación general, puesto que entre ellos podría haber alguna excepción a esta regla." Padre Manuel da Nóbrega, *Cartas do Brasil e mais escritos*, Coimbra, 1955, p. 114.

sileño". Las sociedades a las cuales se les niega el diálogo y la comunicación y en su lugar se les ofrecen "comunicados" se hacen preponderantemente "mudas". El mutismo no es propiamente inexistencia de respuesta. Es una respuesta a la que le falta un tenor marcadamente crítico.[8]

No hay diálogo con la estructura del gran dominio, con el tipo de economía que lo caracterizaba, marcadamente autárquico. El diálogo implica una mentalidad que no florece en áreas cerradas, autárquicas. Éstas por el contrario constituyen un clima ideal para el antidiálogo. Para la verticalidad de las imposiciones. Para robustecer a los señores. Para el mandonismo. Para la ley dura hecha por el propio "poseedor de las tierras y de los campesinos".[9] No importa que las relaciones humanas entre señores y esclavos, nobles y plebeyos, sean en cierto aspecto suaves. Hay paternalismo. Condescendencia del "adulto" hacia el "menor". Así es que en tales circunstancias se habla de "bondad del Señor", de su "comprensión humana", de su "condescendencia". Condescendencia y bondad, por ejemplo, de algunos que atraían para sí a los esclavos que pertenecían a señores considerados crueles.

8 "Todo aparente espíritu electoral que la masa revelaba —sus agitaciones, sus tumultos, sus violencias y desprecios a la autoridad— no partía propiamente de esta masa, no era iniciativa de ella, sino de la nobleza siempre apasionada de los señores rurales, que la incitaban y la inducían a la lucha." Oliveira Viana, *Instituções políticas brasileiras*, vol. I, p. 186.

9 "En verdad —nos dice Rugendas en su *Viagem pitoresca através do Brasil*, p. 185— existen leyes que imponen ciertos límites al arbitrio y a la cólera de los señores, como por ejemplo la que fija el número de chicotazos que es permitido dar de una sola vez al esclavo, sin la intervención de la autoridad; sin embargo —continúa Rugendas—, como ya dijimos, esas leyes no tienen fuerza y quizá sean desconocidas aun para la mayoría de los esclavos y señores; por otro lado —afirma el visitante—, las autoridades se encuentran tan ocupadas que, en realidad, el castigo del esclavo por una falta verdadera o imaginaria o los malos tratos resultantes de los caprichos y de la crueldad del señor sólo encuentran límite en el miedo a perder el esclavo, por la muerte o por la fuga, o en respeto a la opinión pública." Este último límite debería realmente ser el más frágil de ellos...

En las relaciones humanas del gran dominio, la distancia social existente no permite el diálogo. Éste, por el contrario, se da en áreas abiertas, donde el hombre desarrolla su sentido de participación en la vida común. El diálogo implica la responsabilidad social y política del hombre. Implica un mínimo de conciencia transitiva, que no se desarrolla bajo las condiciones ofrecidas por el gran dominio. No hay autogobierno entre nosotros, del cual tuvimos sólo raras manifestaciones.

Entre nosotros no hay nada que se asemeje a aquellas comunidades agrarias estudiadas por Joaquín Costa, citado por Oliveira Viana:[10] "Toda la humanidad brasileña —afirma el profesor brasileño— evolucionó desde el principio bajo este régimen de vivencia política".

Entre nosotros, por el contrario, lo que predominó fue el mutismo del hombre. Su no participación en la solución de los problemas comunes. Con el tipo de colonización que tuvimos nos faltó vivencia comunitaria. Oscilábamos entre el poder del señor de las tierras y el poder del gobernador, del capitán mayor. Cuando se hizo necesaria por la importación de la democracia política, la solidaridad del hombre con su señor, con el propietario de las tierras, fue una solidaridad sólo aparentemente política. Es que en todos nuestros antecedentes culturales no existían condiciones de experiencia, de vivencia de participación popular en la cosa pública. No había pueblo.[11] No exageramos al hablar de un centro de gravitación de nuestra vida privada y pública si decimos que éste se centraba en el poder externo, en la autoridad externa. En el señor de las tierras. En la representación del poder

10 Joaquín Costa, *Colectivismo agrario en España*, en Oliveira Viana, *Instituções politicas brasileiras*, cap. IV.

11 En la página 198 del ya referido ensayo, en muchos aspectos interesante, comenta el señor Berlink, citando a Feijoo: "Yo creo —decía Feijoo en 1838, en cuanto la voluntad de alterar el Acto Adicional, se apodere de muchos hombres públicos— ya no habrá una elección para juez de paz sin que tres o cuatro individuos atropellen todo y hagan lo que quieran".

político. En los fiscales de la Corona durante el Brasil colonial. En los representantes del poder central durante el Brasil imperial. Tales circunstancias propiciaban la introducción de esta autoridad externa dominadora; la creación de una conciencia hospitalaria de opresión y no una conciencia libre y creadora indispensable en los regímenes auténticamente democráticos.

Repetimos que con el tipo de explotación económica que caracterizó nuestra colonización no habría sido posible la creación de una vivencia comunitaria. Todo nos llevaba a la dispersión de la "*propiedad semanaria*".*No podíamos, dentro de estas circunstancias, llegar a formas de vida democrática que implicasen un alto sentido de participación en los problemas comunes, sentido que se "crea" en la conciencia del pueblo y se transforma en sabiduría democrática.

Por el contrario, durante nuestra colonización, durante la formación de nuestras poblaciones, se creó un extremo individualismo. "Cada familia es una república", afirma Vieira, citado por Oliveira Viana.[12] Esas condiciones económicas y las líneas de nuestra colonización no podían, en verdad, permitir el surgimiento de centros urbanos con una clase media basada en una economía razonable. Centros urbanos que fuesen creados por el pueblo y gobernados por él a través de cuya experiencia de gobierno fuese incorporando aquella sabiduría democrática a que llega el pueblo cuando crea la sociedad con sus propias manos.[13] En lugar de este tipo de centro urbano formado desde abajo ha-

---

* La propiedad semanaria era un terreno inculto o abandonado que los reyes de Portugal concedían a quienes deseasen cultivarlo. [T.]

12 Oliveira Viana, *op. cit.*, vol. I, p. 151.

13 "Fue así una sociedad con formas o expresiones de *status* humano extremas: señor y esclavo. El desarrollo de 'clases medias' o intermedias, de 'pequeña burguesía', de 'pequeña' y de 'media industria' de 'pequeña y media agricultura', es tan reciente entre nosotros, bajo formas destacables, que durante todo aquel período que va del siglo XVI al XIX su estudio puede ser casi despreciado, y casi ignorada su presencia en la historia social de la familia brasileña." Gilberto Freyre, *Sobrados e mocambos*, vol. I, p. 52.

cia arriba, basado en la solidaridad política experimentada por grupos humanos asociados en comunidades, cosa que nos hubiera enriquecido en nuestra sabiduría democrática, por el contrario, la historia de nuestras instituciones políticas determinó el surgimiento de núcleos urbanos desde arriba hacia abajo, creados compulsivamente con poblaciones que asemejan rebaños. Sólo en unos pocos casos fueron creados por fuerza y voluntad del pueblo. Sería de extrañar en verdad que esos centros urbanos hubiesen nacido bajo el impulso popular. Impulso del pueblo, a quien le faltaban condiciones necesarias para tenerlo.

¿Cómo podría haber vida democráticamente urbana, con el poderío económico de la gran propiedad? ¿Con su autarquía? La gran propiedad absorbente y asfixiante hacía girar todo en torno suyo.

Por otro lado, la enormidad de tierras, la rala población de Portugal, que dificultaban los intentos de población, el espíritu comercial de la colonización, todo provocó el aislamiento de la nueva tierra encerrada en sí misma,[14] sin relaciones salvo con Portugal, lo que daría lugar a la explotación de la colonia sobre las ya citadas bases del trabajo esclavo. Trabajo esclavo del cual habría surgido una serie de obstáculos y al mismo tiempo la imposibilidad de formar una mentalidad democrática, una conciencia permeable, experiencias de participación y de autogobierno.

La propia indigencia de los centros urbanos, absorbidos y aplastados por la fuerza de la gran propiedad autárquica, era uno de esos obstáculos.

Esa absorción que ejerció el gran dominio sobre los débiles centros urbanos fue llamado por Oliveira Viana "función desin-

---

14 Las restricciones de las relaciones de la colonia no se limitaban sólo a las que podría haber tenido con el exterior —lo que amenazaría los intereses de Portugal— sino también a las que podrían haberse realizado internamente, de capitanía a capitanía.

tegradora de los grandes dominios".[15] Nada escapaba a su todo-poderosísimo empuje. En la estructura económica del gran dominio, con el trabajo esclavo, era imposible que se diera un tipo de relación humana que creara disposiciones mentales flexibles capaces de llevar al hombre a formas de solidaridad que no fuesen las exclusivamente privadas. Nunca a la solidaridad política. También a los "dueños de tierras y campesinos" les faltaban condiciones culturales para la formación de esta solidaridad. No cabe duda de que tales circunstancias favorecían el desarrollo de condiciones lógicamente de mandonismo, situaciones en las cuales el interés privado se sobrepone al público. Condiciones de sumisión de manos extendidas, así como de disturbios y amenazas, reveladoras todas del ya señalado mutismo nacional. "Quien llegó a tener títulos de señor —nos dice Antonil— pretende en todos dependencia de siervos." Y, más adelante, dice sobre la violencia del capataz:

> De ninguna manera se debe consentir a los capataces golpear principalmente las barrigas de las mujeres embarazadas, ni golpear con los pies a los esclavos porque, coléricos, no miden los golpes, y pueden herir mortalmente un esclavo en préstamo.

Continuando con el análisis de las relaciones humanas, dice el agudo Antonil sobre el "ingenio real":

> En Brasil se acostumbra decir que para el esclavo son necesarias tres "p", a saber: palo, pan y paño. Si comienza mal, empezando por el castigo que es el palo, Dios le proveerá tan abundante comida y vestido como muchas veces es el injusto castigo...[16]

---

15 Oliveira Viana, *op. cit.*, p. 149.
16 Antonil, *op. cit.*, p. 55.

En verdad, lo que caracterizó, desde el comienzo, nuestra formación fue sin duda el poder exacerbado. Fue la fuerza del poder en torno al cual se fue creando casi un gusto masoquista[17] de ser todopoderoso. Poder exacerbado al que se fue asociando la sumisión. Sumisión de la cual nacía, en consecuencia, el *ajustamiento*, el *acomodamiento* y no la *integración*. El acomodamiento exige una dosis mínima de crítica. La integración, por el contrario, exige un máximo de razón y conciencia. Es el comportamiento característico de los regímenes flexiblemente democráticos. El problema del ajustamiento y del acomodamiento se vincula al del mutismo, ya referido, como una de las consecuencias inmediatas de nuestra inexperiencia democrática. En verdad, en el ajustamiento, el hombre dialoga. No participa. Por el contrario, se acomoda a las determinaciones que se superponen a él. Las disposiciones mentales que creamos en estas circunstancias fueron así disposiciones mentales rígidamente autoritarias, acríticas.

"Nadie se atrevería a pasar frente a un soldado raso de guardia o a leer una proclama pegada a la pared —son palabras de Luccok— sin hacer un saludo de respeto..." "Respeto que —afirma Saint-Hilaire— adquieren con la leche que maman", manera irónica de referirse a la herencia cultural de nuestra inexperiencia democrática.

Ésta fue la constante de toda nuestra vida colonial. El hombre siempre dominado por el poder. Poder de los señores de las tierras. Poder de los gobernadores-generales, de los capitanes-generales, de los virreyes, de los capitanes mayores. Nunca, o casi nunca, el hombre intervenía en la constitución o en la organización de la vida común, siempre perdido en la inmensidad de la tierras. Este tipo de colonización habría de impedir el desarrollo de las urbes, que hubieran sido muy diferentes si hubieran nacido desde el comienzo de nuestra colonización, bajo el impulso de la voluntad popular. Posiciones democráticas de las cuales habrían nacido y se ha-

17 Gilberto Freyre.

brían desarrollado otras posiciones mentales y no las que se consustanciaron en ese momento y que aún hoy nos rigen.

Así vivimos todo nuestro período de vida colonial: presionados siempre, casi siempre imposibilitados de hablar. La única voz que se podía oír era la del púlpito. Las más drásticas eran las restricciones a nuestras relaciones internas, de capitanía a capitanía. Relaciones que no dudamos nos habrían abierto otras posibilidades para el intercambio de experiencias con las cuales los grupos humanos se perfeccionan y crecen. Relaciones que llevan a los grupos humanos a rectificaciones y ejemplificaciones. Sólo el aislamiento impuesto a la colonia, encerrada en sí misma, y teniendo como tarea el cumplimiento de las exigencias cada vez más golosas de la Metrópoli, revelaba claramente la verticalidad y la impermeabilidad antidemocrática de la política de la corte. No nos importa discutir si podría haber sido otra la política de los colonizadores, abierta, permeable, democrática. Lo que nos importa afirmar es que, con esa política de colonización, con sus moldes exageradamente tutelares, no podíamos tener experiencia democrática, aun cuando hubo algunos aspectos positivos, como el de la fusión racial que predispuso al brasileño a un tipo de "democracia étnica".

> De hecho —afirma Berlink—, en este país casi no hubo aspiraciones democráticas: tal fue el carnerismo que nos creó la Metrópoli portuguesa, tal fue la imitación que los gobernantes posteriores a la independencia hicieron de los métodos coloniales, que aún hoy se puede afirmar que en Brasil son incipientes las aspiraciones democráticas...[18]

No debemos mencionar como intento de experiencia democrática, por ejemplo, las cámaras municipales coloniales, sus se-

---

18 Berlink, *Factores adversos en la formación brasileña.*

nados, sus administradores. Esas cámaras y senados municipales hubiesen preparado al pueblo para gobernar sus municipios.

Pero no hablemos de esas cámaras y de esos senados porque, más de una vez, su funcionamiento reveló precisamente la ausencia de un hombre común como partícipe de su vida. La exclusión del hombre común del proceso electoral —no votaba ni era votado— le prohibía cualquier injerencia en los destinos de la comunidad; habría de surgir entonces una clase privilegiada que gobernase la comunidad municipal. Ésta era la clase de los llamados "hombres buenos", con "sus nombres escritos en los libros de la nobleza, que tenían las cámaras". Eran los representantes de la nobleza, de los ingenios, de los poderosos de la tierra, de los "nobles de linaje". Era la clase de los nuevos ricos, enriquecidos en el comercio y hechos nobles tanto por sus servicios prestados a la ciudad como por su conducta.

Marginado y sin derechos cívicos se encontraba el hombre común irremediablemente alejado de cualquier experiencia de autogobierno o de diálogo; constantemente sometido, "protegido", sólo era capaz de reaccionar por medio de la algazara, que es la "voz" de los que están "mudos" frente al crecimiento de las comunidades y nunca con una voz auténtica, de opción, voz que el pueblo va ganando cuando nuevas condiciones *históricas* surgen y le propician los primeros ensayos de diálogo. Es lo que nos sucedía con la "caída" de la sociedad brasileña, antes del golpe militar. Estábamos así "conformados" en un tipo de vida rígidamente autoritario, nutriéndonos de experiencias verticalmente antidemocráticas en las que se formaban y robustecían nuestras disposiciones mentales forzosamente antidemocráticas, cuando circunstancias especiales alteraron el compás de nuestra vida colonial.

Forzado por tales circunstancias, llega a Río de Janeiro, en 1808, D. João VI. Llega y se instala con toda su corte alterando intensamente las costumbres, las formas de ser del pueblo, no sólo de Río, entonces atrasada y sucia ciudad, sino de otros centros provinciales, estimulados por los placeres que la corte ostentaba.

No hay duda de que la presencia de la familia real entre nosotros y, más que eso, la instalación de la sede del gobierno portugués en Río de Janeiro habría de provocar alteraciones profundas en la vida brasileña. Alteraciones que, si bien por un lado podrían propiciar al hombre brasileño —por lo menos al hombre libre— nuevas condiciones con que realzar nuevas experiencias, en el sentido democrático, por otro lado, antagónicamente, reforzaban las tradiciones verticalmente antidemocráticas. De esa forma se observó con la llegada de la corte portuguesa a principios del siglo pasado el primer paso al comienzo de, entre otras cosas, el fortalecimiento del poder de las "ciudades, de las industrias y las actividades urbanas", el nacimiento de escuelas, de imprentas, de bibliotecas, de enseñanza técnica.

Gilberto Freyre, al considerar el creciente poder de las ciudades que hace declinar al patriciado rural, dice:

> Con la llegada de D. João VI a Río de Janeiro, el patriciado rural que se consolidara en las grandes casas del ingenio y de la hacienda —mujeres gordas haciendo dulces, hombres orgullosos de sus títulos y privilegios de sargento mayor y capitán, de sus pucheros, de sus esposas y de sus puñales de plata, de alguna colcha de la India, guardada en el arca, de muchos hijos legítimos y naturales dispersos por la casa y por las chozas de los esclavos— comenzó a perder su majestad colonial. Majestad que el descubrimiento de las minas ya venía comprometiendo seriamente.[19]

Esta transferencia del poder y de la majestad del patriciado rural, consolidado en las "grandes casas", hacia las ciudades que comenzaban a participar en la vida del país no significaba aún la participación del hombre común en su comunidad. La fuerza de

19 *Op. cit.*, vol. i, p. 113.

las ciudades estaba en la burguesía opulenta, que se enriquecía con el comercio que viene a sustituir al todopoderosísimo campo. La tendrían luego los bachilleres, hijos del campo, pero hombres con marcado tinte citadino; doctores formados en Europa y cuyas ideas se discutían en nuestras "analfabetas" provincias, como si fuesen centros europeos.

Las alteraciones producidas no podrían impedir, aun cuando se preservase el trabajo esclavo, el avance del desarrollo, provocado por el trabajo libre; el hecho de que el pueblo dejase de lado su estado asistencial y comenzara una incipiente participación.

Sólo a partir de la "caída" de la sociedad brasileña y el comienzo de una reciente fase de transición, más fuerte aun durante este siglo, se puede hablar de ímpetu popular, de una voz verdaderamente del pueblo que emergía.

Se observó que como consecuencia, o como una de las dimensiones de este paso de renovación y de alteraciones que el país sufrió con la llegada de la corte, y en contradicción con lejanas y tenues condiciones de democratización, podrían haber surgido con las ciudades la europeización o la reeuropeización del país, a la cual se unió todo un conjunto de procedimientos antidemocráticos que reforzaron nuestra inexperiencia democrática.

> Es que —afirma Gilberto Freyre—, paralelo al proceso de europeización o reeuropeización del Brasil que caracterizó las principales regiones del país durante la primera mitad del siglo XIX, se agudizó para nosotros el dominio de esclavos y siervos, de africanos e indígenas, no sólo de parte de los señores, sino también de aquellos portadores exclusivistas de la cultura europea, encarnada principalmente en los moradores de las ciudades.

Y más adelante dice probando hasta dónde llegaba este todopoderosísimo poder:

El derecho de galopar o adornarse o andar al trote por las calles de la ciudad era exclusivo de los militares y milicianos. Atravesarla montado señorialmente a caballo era privilegio del hombre vestido y calzado a la europea.

Este mismo autor, refiriéndose a aspectos de la europeización y reeuropeización sobre todo de Recife, para él la más característica, excepción hecha de la Metrópoli (bajo algunos aspectos atípica), del proceso de reeuropeización del paisaje, de la vida y de la cultura brasileña, afirma:

Así, se prohíben, en la ciudad de Recife, a partir del 10 de diciembre de 1831, los "voceríos y gritos callejeros", restricción que alcanzaba a los africanos en sus expansiones de carácter religioso o simplemente recreativo.[20]

Continuábamos, así, alimentando nuestra inexperiencia democrática con imposiciones, con el desconocimiento de nuestra realidad.

Y sería sobre esta vasta inexperiencia caracterizada por una mentalidad feudal, alimentándonos de una estructura económica y social enteramente colonial, sobre la que inauguraríamos el intento de un Estado formalmente democrático.

Importamos la estructura de un Estado nacional democrático, sin previa consideración de nuestro propio contexto. Típica y normal posición de alienación cultural. Volveremos mesiánicamente a las matrices formadoras o a otras consideradas superiores en búsqueda de soluciones de problemas particulares, sin saber que no existen soluciones prefabricadas y rotuladas para tal o cual problema, dentro de tal o cual condición especial de tiempo y espacio cultural. Cualquier acción que se superponga al problema implica inautenticidad, y por lo tanto el fracaso del intento.

20 Gilberto Freyre, *Sobrados e mocambos*, vol. II, pp. 629, 688-689.

Importamos el Estado democrático no sólo cuando no teníamos experiencia de autogobierno, inexistente en toda nuestra vida colonial, sino también y sobre todo cuando no teníamos aún condiciones para ofrecer al "pueblo" inexperto circunstancias adecuadas para realizar las primeras experiencias verdaderamente democráticas. Superponíamos, a una estructura económicamente feudal y a una estructura social en la cual el hombre vivía vencido, oprimido y "mudo", una forma política y social cuyos fundamentos exigían lo contrario al mutismo, o sea el diálogo, la participación, la responsabilidad política y social. Solidaridad social y política a la que no podríamos llegar por habernos defendido en la solidaridad privada, revelada en una u otra manifestación como el "auxilio gratuito entre campesinos" (*mutirão*).

¿Dónde buscar las condiciones de las cuales hubiese surgido una conciencia popular democrática, permeable y crítica, sobre la cual se hubiese podido fundar auténticamente el Estado democrático? ¿En nuestra colonización basada en el gran dominio? ¿En las estructuras feudales de nuestra economía? ¿En el aislamiento en que crecimos aun internamente? ¿En el todopoderosísimo señor de las "tierras y campesinos"? ¿En la fuerza del capitán mayor, del sargento mayor, de los gobernadores generales? ¿En la fidelidad a la Corona? ¿En aquel gusto excesivo a la "obediencia" a que Saint-Hilaire se refiere diciendo que se adquirió junto con la leche que se mamó? ¿En los centros urbanos creados verticalmente? ¿En las innumerables prohibiciones a nuestra industria, a la producción de todo aquello que afectase los intereses de la Metrópoli? ¿En nuestros deseos a veces líricos de libertad, sofocados por la violencia de la Metrópoli? ¿En la educación jesuita, a la que realmente mucho debemos, pero que en gran parte es verbosa y superpuesta a nuestra realidad? ¿En la inexistencia de instituciones democráticas? ¿En la ausencia de diálogos por medio de los cuales surgimos y crecemos? ¿En la autarquía de los grandes dominios, que asfixia la vida de las ciudades?

¿En los prejuicios contra el trabajo manual, mecánico, esclavo, que agrandaba cada vez más la distancia social entre los hombres? ¿En las cámaras y senados municipales de la colonia, formados por hombres cuyos nombres debían estar inscritos en los libros de la nobleza; cámaras y senados de los que no podía participar el hombre común, en cuanto hombre común? ¿En el descuido de la educación popular siempre relegada? ¿En las condiciones por las cuales hubiéramos podido crear y acrecentar disposiciones mentales críticas y, por eso mismo, democráticas? ¿En la fuerza de las ciudades fundadas en el poderío de una burguesía enriquecida con el comercio, que sustituyó el poder del patriciado rural en decadencia?

No, éstas no eran condiciones para poder constituir aquel "clima cultural específico" para el surgimiento de los regímenes democráticos referidos por Barbu. La democracia que antes que forma política es forma de vida se caracteriza sobre todo por la gran dosis de transitividad de conciencia en el comportamiento humano, transitividad que no nace y no se desarrolla salvo bajo ciertas condiciones, en las que el hombre se lance al debate, al examen de sus problemas y de los problemas comunes, en las que el hombre participe.

Una reforma democrática —afirma Zevedei Barbu— o una acción democrática en general debe hacerse no sólo con el consentimiento del pueblo, sino con sus propias manos. Esto es una verdad. Exige ciertas calificaciones. A fin de construir su sociedad con "sus manos", los miembros de un grupo deben poseer considerable experiencia y conocimiento de la cosa pública (*public administration*). Necesitan, igualmente, ciertas instituciones que les permitan participar en la construcción de su sociedad. Necesitan, sin embargo, algo más que todo esto: necesitan una específica disposición mental (*trame of mind*), esto es, ciertas experiencias, actitudes, prejuicios y creencias compartidas por todos o al menos por una gran mayoría.[21]

Hasta que no se dio la "descomposición" de la sociedad brasileña, permitiendo entonces cierta participación, sucedía exactamente lo contrario: el alejamiento del pueblo, su "asistencialismo". Lo que puede afirmarse, de modo general, es que, salvo pocas excepciones, o bien el pueblo quedaba al margen de los acontecimientos o bien participaba en ellos como simple "algazara" y no porque tuviese voz. El pueblo asistió a la proclamación de la República "atontado", fue la afirmación de Arístides Lobo, repetida por todos. Atontado continúa asistiendo a los más recientes retrocesos del proceso brasileño. Tal vez ahora, en el caso del reciente golpe militar, ya no sea tan tonto, ya que comienza a comprender que los retrocesos se dan por causa de sus avances. Comienza a comprender que es su creciente participación en los acontecimientos políticos brasileños lo que asusta a las fuerzas irracionalmente sectarias, lo que amenaza sus privilegios.

Nos manteníamos "mudos" y quietos hasta que comenzaron las primeras alteraciones que afectaron las fuerzas que mantenían la sociedad cerrada en equilibrio. Con la quiebra de ese equilibrio, provocado, como ya señalamos en el primer capítulo, por factores internos y externos, se desplomó la sociedad, entrando entonces en la fase de transición. Pero, contrariamente, estas alteraciones se iniciaron al finalizar el siglo pasado, cuando se restringió el tráfico de esclavos y, después, con la total abolición de la esclavitud. Sucedió esto porque capitales destinados a la compra de esclavos se encontraron de un momento a otro sin destino, comenzaron a usarse en actividades industriales incipientes. De esta forma, además de la supresión del trabajo esclavo —lo que provocaría una política de atracción de inmigrantes a tierras brasileñas

---

21 Zevedei Barbu, *Democracy and Dictatorship*, p. 13.

que vendrían a apoyar nuestro desarrollo—, comenzamos los primeros intentos de "crecimiento interno" en nuestra economía.

> En ningún momento del siglo XIX —dice Fernando de Azevedo—, después de la Independencia, se producirían acontecimientos tan importantes para la vida nacional como sucedió durante el último cuarto de ese siglo, en que se verificó el primer avance industrial, se estableció una política inmigratoria, se abolió el régimen de esclavitud, se inició la organización del trabajo libre y se experimentó, por primera vez, un nuevo régimen político... Mientras tanto —continúa el maestro brasileño— el comienzo del avance industrial en 1885, el vigoroso impulso civilizador debido a la inmigración, la supresión del régimen de la esclavitud que, aun cuando se produjo de repente como en los Estados Unidos, coincide con un gran aumento de la producción, y la nueva economía basada en el trabajo libre contribuyeron a la transformación de la estructura económica y social, que no podía dejar de modificar los hábitos y la mentalidad sobre todo de las poblaciones urbanas.[22]

Pero fue exactamente en este siglo, en la década del 20 al 30, después de la primera gran guerra, y más acentuadamente después de la segunda, cuando nuestro desarrollo industrial, en cierto sentido desordenado, recibió su gran impulso. Y con él, el desarrollo creciente de la urbanización, que, digamos de paso, no siempre revela desarrollo industrial y crecimiento, en las regiones más fuertemente urbanizadas del país. De ahí el surgimiento de ciertos centros urbanos que revelan más "hin-

---

22 Fernando de Azevedo, *Cultura brasileira*, vol. III, pp. 115-117.

chazón" que desarrollo, para usar la expresión de un sociólogo brasileño.

Estas alteraciones —como señala Fernando de Azevedo— habían de reflejarse en toda la vida nacional. Se unirían a tantos
otras que se daban en el campo cultural, en el campo de las ar-
tes, de la literatura, en el campo de las ciencias, revelando una
nueva inclinación: el estudio. La identificación con la realidad nacional, su conocimiento. La búsqueda de planificación sustituyendo así los esquemas importados. El trabajo de SUDENE (Superin-
tendencia de Desarrollo del Nordeste) bajo la dirección del
economista Celso Furtado, realizado antes del golpe militar, es
un ejemplo de esta planificación.

El país comenzaba a encontrarse consigo mismo. Su pueblo
que emergía iniciaba sus experiencias de participación. Todo
esto provocaba choques entre los viejos y los nuevos temas.

La superación de la inexperiencia democrática por una nueva
experiencia: la de la participación, espera la superación de la
irracionalidad que vive hoy el Brasil, agravada por la situación in-
ternacional.

Es temprano afirmar aún hasta dónde podría superarse esta
inmovilidad sin herir intensamente la línea que el proceso parecía revelar, y sin provocar, por ello mismo, formas mucho más
graves de regresión.

Es posible que la intensa emocionalidad que dirigió los irracionalismos sectarios pueda lograr un nuevo camino dentro del
proceso, que lo conduzca a una más lenta aproximación a formas más auténticas y humanas de vida para el hombre brasileño.

3. Educación *versus* masificación

Nos preocupaba encontrar en los análisis de los capítulos anteriores una respuesta a las condiciones de la transición brasileña en el campo de la pedagogía. Una respuesta que tomase en consideración el problema del desarrollo económico y el de la participación popular en este mismo desarrollo, y de la inserción crítica del hombre brasileño en el proceso de "democratización fundamental" que nos caracterizaba, y que no descuidase los signos de nuestra experiencia democrática, de raíces histórico-culturales, en contradicción con la nueva posición que el proceso exigía del hombre brasileño.

Estábamos y estamos convencidos de que la contribución del educador brasileño a su sociedad en nacimiento, frente a los economistas, los sociólogos, como todos los especialistas que buscan mejorar sus pautas, habría de ser la de una educación crítica y criticista. De una educación que intentase el pasaje de la transitividad ingenua a la transitividad crítica, ampliando y profundizando la capacidad de captar los desafíos del tiempo, colocando al hombre brasileño en condiciones de resistir a los poderes de la emocionalidad de la propia transición. Armarlo contra la fuerza de los irracionalismos, de los que era presa fácil, en la posición transitivamente ingenua.

Estábamos y estamos convencidos, con Lipset,[1] de que

---

1 Lourenço Filho, *apud.*

> [...] el aumento de la riqueza no está solamente relacio-
> nado con el desarrollo de la democracia para alterar las
> condiciones sociales de los trabajadores; en realidad, al-
> canza la forma de estructura social que ya no se repre-
> senta como un triángulo alargado para transformarse en
> un rombo con una clase media siempre creciente. La
> renta nacional se relaciona siempre con los valores políti-
> cos y el estilo de vida de la clase dominante. Cuanto más
> pobre sea una nación y más bajas las formas de vida de las
> clases inferiores, mayor será la presión de los estratos su-
> periores sobre ellas, consideradas despreciables, innata-
> mente inferiores, casta sin valor. Las acentuadas diferen-
> cias de estilo de vida entre las superiores y las inferiores se
> presentan como psicológicamente necesarias. Consecuen-
> temente, los más altos estratos tienden a encarar los dere-
> chos políticos de los inferiores, particularmente el dere-
> cho a interferir en el poder, como cosa absurda e inmoral.

En la medida, pues, en que las clases populares emergen, descubren y sienten esa visualización que las elites hacen de ellas, se
inclinan, siempre que pueden, a respuestas auténticamente
agresivas. Estas elites, asustadas, tienden a silenciar a las masas
populares, domesticándolos por la fuerza o con soluciones paternalistas. Tienden a detener el proceso, del cual surge la elevación popular, con todas sus consecuencias.

He aquí un problema decisivo en la fase actual del proceso brasileño: lograr el desarrollo económico, como base de la democracia,
del cual resulte la supresión del poder inhumano detentado por las
clases muy ricas que oprimen a las muy pobres, y hacer coincidir ese
desarrollo con un proyecto autónomo de la nación brasileña.

Desarrollo[2] que incluya no sólo cuestiones técnicas o de política puramente económica, o de reformas estructurales, sino que

---

2 A este respecto, véase Gunnar Myrdal, *Solidaridad o desintegración*.

encierre en sí el cambio de una mentalidad a otra, la necesidad de reformas profundas, fundamento del desarrollo y de la propia democracia. El problema sería que al emerger el pueblo con sus crecientes reivindicaciones no asustase a las clases más poderosas, a las cuales, repitiendo a Lipset, "los derechos políticos de las clases más bajas, particularmente el de interferir en el poder, [les parecen] esencialmente absurdos e inmorales".

Cuanto más se hable de la necesidad de reformas, de la ascensión del pueblo al poder en términos muchas veces emocionales y despreciando totalmente la vigencia del poder de las elites como si hubiese descubierto que tener privilegios no es sólo tener derechos, sino sobre todo deberes para con su nación, más se armarán esas elites "irracionalmente" para la defensa de sus privilegios inauténticos, más se congregarán en torno de sus intereses de grupo que, según Anísio Teixeira, "están lejos de identificarse con la nación. Son más bien la antinación".[3]

El clima del irracionalismo se acentúa produciendo posiciones sectarias de cualquier matiz, a las cuales nos referimos en el primer capítulo.

La mayor parte del pueblo, que emerge desorganizado, ingenuo y desesperado, con fuertes índices de analfabetismo y semianalfabetismo, llega a ser juguete de los irracionalismos.

Y la clase media, siempre buscando la ascensión y la obtención de privilegios, temiendo naturalmente su proletarización ingenua y emocional, ve en la concienciación popular una amenaza para su paz. De ahí su posición reaccionaria frente a este nuevo proceso.

Y cuanto más sentíamos que el proceso brasileño, en el juego cada vez más profundo de sus contradicciones, llegaba a posiciones irracionales y anunciaba un nuevo retroceso, más nos parecía imperiosa una amplia acción educativa crítica.[4]

---

3 Anísio Teixeira, *Revolução e educação, en Revista Brasileira de Estudos Pedagógicos,* vol. xxxix, p. 3.
4 Queremos señalar que cuando criticamos la inadecuada educación en la nueva situación dada en el proceso brasileño somos

Tenemos que convencernos de esta obviedad: una sociedad que venía y viene sufriendo alteraciones tan profundas y a veces hasta bruscas y en la cual las transformaciones tienden a activar cada vez más al pueblo necesita una reforma urgente y total en su proceso educativo, una reforma que alcance su propia organización y el propio trabajo educacional de las instituciones, sobrepasando los límites estrictamente pedagógicos. Necesita una educación para la decisión, para la responsabilidad social y política.

En este sentido, Mannheim hace afirmaciones que se adecuan a las condiciones que comenzábamos a vivir. Dice textualmente:

Pero en una sociedad en la cual los cambios más importantes se producen por medio de la liberación colectiva y donde las revaloraciones deben basarse en el consentimiento y en la comprensión intelectual se requiere un sistema educacional completamente nuevo, un sistema que concentre sus mayores energías en el desarrollo de nuestros poderes intelectuales y dé lugar a una estruc-

---

conscientes de que no debe encararse ingenuamente, como algo milagroso que puede transformar la sociedad brasileña. Pero lo que no puede negarse es su fuerza instrumental que sería nula si estuviera superpuesta a las condiciones del contexto en el cual se aplica. Vale decir, que sola nada puede hacer, porque por el mero hecho de "estar sola" ya no puede ser instrumental. Por eso, se insiste en que, si no corresponde a la dinámica de las otras fuerzas de transformación del contexto cultural, se torna puramente ornamental y, más de una vez, a instrumental. De ahí que no pueda encararse "la educación como un valor absoluto; y tampoco la escuela como una institución incondicionada", utilizando la exacta afirmación del profesor Costa Pinto, expresada en uno de los más recientes y lúcidos estudios brasileños sobre *Sociologia e desenvolvimiento*. Véase, en este sentido, también a Roberto Moreira, *Educação e desenvolvimento no Brasil*, Río de Janeiro, 1960, e *Hipótesis e diretrizes para o estudo das resistencias a mudança social, tendo em vista a educação e a instrução publica como condições ou fatores*, en *Revista de la Asociación Pedagógica de Curitiba*, Paraná, 1959.

tura mental capaz de resistir el peso del escepticismo y hacer frente a los movimientos de pánico cuando llegue la hora del desprendimiento de muchos de nuestros hábitos mentales.[5]

Si no vivíamos aún una fase como la que ya resaltamos, en la cual "los cambios más importantes se hiciesen por medio de la liberación colectiva", el creciente ímpetu popular nos llevaría a este punto si no hubiese involución en él que lo hiciese más emocional que crítico.

Una de las preocupaciones fundamentales, a nuestro juicio, de una educación para el desarrollo y la democracia debe ser proveer al educando de los instrumentos necesarios para resistir los poderes del desarraigo frente a una civilización industrial que se encuentra ampliamente armada como para provocarlo,[6] aun cuando esté armada de medios con los cuales amplíe las condiciones existenciales del hombre.[7]

---

5 Karl Mannheim, *Diagnóstico de nuestro tiempo*, pp. 31-2.
6 Véase Peter Drucker, *La nueva sociedad*.
7 La producción en serie, típica del mundo altamente técnico de hoy, como organización del trabajo humano es, posiblemente, uno de los factores más característicos de masificación del hombre, ya que exige de él un comportamiento mecanizado por la repetición de un mismo acto, con el que realiza sólo una parte de la totalidad de la obra, de la cual se desvincula, y por lo tanto lo "domestica"; le exige una actitud crítica frente a su producción, lo deshumaniza, con la estrechez de la especialización exagerada, reduce sus horizontes, hace de él un ser pasivo, miedoso, ingenuo. De ahí su gran contradicción: la ampliación de la esfera de participación y el peligro de esta ampliación se distorsiona con la limitación de la crítica, debido a la especialización exagerada de la producción en serie. La solución, en verdad, no puede estar en la defensa de formas anticuadas e inadecuadas para el mundo de hoy, sino en la aceptación de la realidad y en la solución objetiva de sus palabras. Tampoco puede estar en la creación de un pesimismo ingenuo y en el horror a la máquina, sino en la humanización del hombre. Apreciamos los análisis de Mounier, en este sentido (Emmanuel Mounier, *Sombras de medo sobre o século XX*).

Una educación que posibilite al hombre para la discusión valiente de su problemática, de su inserción en esta problemática, que lo advierta de los peligros de su tiempo para que, consciente de ellos, gane la fuerza y el valor para luchar, en lugar de ser arrastrado a la perdición de su propio "yo", sometido a las prescripciones ajenas. Educación que lo coloque en diálogo constante con el otro, que lo predisponga a constantes revisiones, a análisis críticos de sus "descubrimientos", a una cierta rebeldía, en el sentido más humano de la expresión; que lo identifique, en fin, con métodos y procesos científicos.

Frente a una sociedad dinámica en transición, no admitimos una educación que lleve al hombre a posiciones quietistas, sino aquellas que lo lleven a procurar la verdad en común, "oyendo, preguntando, investigando". Sólo creemos en una educación que haga del hombre un ser cada vez más consciente de su transitividad, críticamente, o cada vez más racional.[8]

La propia esencia de la democracia incluye una nota fundamental, que le es intrínseca: el cambio. Los regímenes democráticos se nutren en verdad del cambio constante. Son flexibles, inquietos y, por eso mismo, el hombre de esos regímenes debe tener mayor flexibilidad de conciencia.[9] La falta de esta permeabilidad viene siendo una de las más serias irregularidades de los regímenes democráticos actuales, por la ausencia de correspondencia entre el sentido del cambio, característico no sólo de la democracia sino de la civilización tecnológica, y una cierta rigidez mental del hombre que, masificándose, deja de asumir posturas crecientemente críticas frente a la vida. Excluido de la ór-

---

8 Al usar la expresión racionalidad o racionalismo, hacemos nuestras las palabras de Popper: "Lo que llamo verdadero racionalismo es el racionalismo de Sócrates. Es la conciencia de las propias limitaciones, la modestia intelectual de los que saben cuántas veces yerran y cuánto dependen de otros aun para obtener ese conocimiento". Karl Popper, *A sociedade democrática e seus inimigos*, traducción brasileña.

9 Véase Zevedei Barbu, *Democracy and Dictatorship*.

bita de las decisiones que se limita cada vez más a pequeñas minorías, es guiado por los medios de publicidad, a tal punto que en nada confía sino en aquello que oyó en la radio, en la televisión o leyó en los periódicos.[10]

De ahí su identificación con formas místicas que explican su mundo. Su comportamiento es el del hombre que pierde dolorosamente su dirección. Es el hombre sin raíces.

Sentimos, igualmente, que nuestra democracia en aprendizaje se hallaba, en cierto aspecto, el histórico-cultural, marcada por irregularidades fruto de nuestra inexperiencia de autogobierno, y, por otro lado, se hallaba amenazada por el riesgo de no sobrepasar la transitividad ingenua, que no es capaz de ofrecer al hombre brasileño la comprensión del sentido profundamente cambiante de su sociedad y de su tiempo. Más aún, no le daría, lo que es peor, la convicción de que participa de los cambios de su sociedad, convicción indispensable para el desarrollo de la democracia.

Doblemente importante se nos presentaba el esfuerzo de la reformulación de nuestro actuar educativo, en el sentido de la auténtica democracia. Actuar educativo que, no olvidando o desconociendo las condiciones culturales de nuestra formación paternalista, vertical, y por ello antidemocrática, no olvidase tampoco las nuevas condiciones actuales. Por otro lado, condiciones propicias al desarrollo de nuestra mentalidad democrática que no estuviesen distorsionadas por los irracionalismos, ya que las épocas de cambios rápidos corresponden a una mayor flexibilidad en la comprensión que tenga el hombre, que lo puede predisponer a formas de vida más elásticamente democráticas.[11]

Irrefutablemente, Brasil estaba viviendo ese mismo proceso en sus centros mayores y medianos, y reflejando por lo tanto influencias renovadoras en centros menores, a través de la radio,

10 Véase Wright Mills, *La elite del poder.*
11 Barbu, *op. cit.*

del cine, de la televisión, del camión, del avión. Momento en el cual la transitividad de la conciencia se asociaba a fenómenos de rebelión popular,[12] uno de los síntomas más promisorios de nuestra vida política. Agreguemos que al defender y aun enaltecer el proceso de rebelión del hombre brasileño no estamos pretendiendo una posición espontánea del hombre en rebelión. Entendemos la rebelión como un síntoma de ascensión, como una introducción a la plenitud. Por eso mismo es que nuestra simpatía por la rebelión no podría radicar nunca en sus manifestaciones preponderantemente pasionales. Por el contrario, nuestra simpatía está sumada a un profundo sentido de responsabilidad que siempre nos llevó a luchar por la promoción impostergable de la ingenuidad crítica, de la rebelión en inserción.

Nos convencemos cada vez más de que para lograrlo el hombre brasileño tendría que ganar su responsabilidad social y *política*, viviendo esa responsabilidad, participando, ganando cada vez mayor injerencia en los destinos de la escuela de su hijo, en los destinos de su sindicato, de su empresa, a través de gremios, clubes, consejos; ganando injerencia en la vida de su barrio, de su iglesia, en la vida de su comunidad rural, por la participación activa en asociaciones, en clubes, sociedades benéficas.

Así, iríamos ayudando al hombre brasileño, en el clima cultural de la fase de transición, a aprender democracia, en la propia vivencia de ésta.

12 La rebelión se manifiesta por un conjunto de disposiciones mentales activistas, nacidas de los nuevos estímulos, característicos de la sociedad en "apertura". La superación un tanto brusca del estado de inmersión del pueblo donde no practicaba la participación lo dejaba un tanto atónito frente a las nuevas experiencias que se estaban dando: la participación. La rebelión es harto ingenua y, por eso mismo, tiene un tenor emocional. De ahí la necesidad de ser transformada en ingeniería. Al respecto es fundamental la lectura de Zevedei Barbu, *Problems of Historical Psychology*.

Es verdad que existe un saber que se ofrece al hombre experimentalmente, existencialmente: éste es el saber democrático.

Muchas veces nosotros los brasileños pretendemos, en la insistencia de nuestras tendencias verbosas, trasmitir al pueblo esta sabiduría nacionalmente. Como si fuese posible dictar cátedra sobre democracia y al mismo tiempo consideramos "absurda e inmoral" la participación del pueblo en el poder.

De ahí la necesidad de una educación valiente, que discuta con el hombre común su derecho a aquella participación. Una educación que lleve al hombre a una nueva posición frente a los problemas de su tiempo y de su espacio. Una posición de intimidad con ellos, de estudio y no de mera, peligrosa y molesta repetición de fragmentos, afirmaciones desconectadas de sus mismas condiciones de vida. Educación del "yo me maravillo" y no sólo del "yo hago". Vital, no sólo aquella que insiste en la trasmisión de lo que Whitehead llama *inert ideas*:[13] "ideas inertes quiere decir ideas que la mente se limita a recibir sin que las utilice, verifique o transforme en nuevas combinaciones".

No hay nada que contradiga y comprometa más la superación popular que una educación que no permita al educando experimentar el debate y el análisis de los problemas y que no le propicie condiciones de verdadera participación. Vale decir, una educación que lejos de identificarse con el nuevo clima para ayudar a lograr la democratización intensifique nuestra inexperiencia democrática, alimentándola. Educación que se pierde en el estéril palabrerío, hueco y vacío. Palabrerío que estimula la palabra "fácil".

Generalmente, cuando se critica nuestra educación, nuestro apego a la palabra hueca, a la verbosidad, se dice que su pecado es ser "teórica". Se identifica así, absurdamente, teoría con verbosidad. Verdaderamente es teoría lo que nosotros precisamos, teoría que implique una inserción en la realidad, en

13 A. N. Whitehead, *The Aims of Education and other Essays*, pp. 1-2.

un contacto analítico con lo existente, para comprobarlo, para vivirlo plenamente, prácticamente. En este sentido teorizar es contemplar; no en el sentido distorsionado que le damos de oposición a la realidad, de abstracción. Nuestra educación no es teórica porque le falta ese apego a la comprobación, a la invención, al estudio. Es verbosa, es palabrería, es "sonora", es "asistencialista", no comunica; hace comunicados, cosas bien diferentes.

Entre nosotros, repitamos, la educación tendría que ser, ante todo, un intento constante de cambiar de actitud, de crear disposiciones democráticas a través de las cuales el brasileño sustituya hábitos antiguos y culturales de pasividad por nuevos hábitos de participación e injerencia, que concuerden con el nuevo clima transicional. Aspectos que ya afirmamos varias veces y que reafirmamos con la fuerza con que muchas cosas consideradas obvias precisan ser recalcadas en este país. Aspecto importante de nuestro actuar educativo, ya que, si bien faltaron condiciones en nuestro pasado histórico-cultural que nos dieran como a otros pueblos hábitos política y socialmente solidarios, para hacernos más auténticos dentro de la forma democrática de gobierno, sólo nos resta aprovechar las nuevas condiciones del actual clima, favorables a la democratización, para apelar a la educación como acción social, a través de la cual poder dar al brasileño estos hábitos.

Nuestro gran desafío, por eso mismo, dentro de las nuevas condiciones de vida brasileña, no era sólo el alarmante índice de analfabetismo y su superación. No sería la sola superación del analfabetismo, la alfabetización puramente mecánica, lo que llevaría la rebelión popular a la inserción. El problema para nosotros trascendía la superación del analfabetismo y se situaba en la necesidad de superar también nuestra inexperiencia democrática. O intentar simultáneamente las dos cosas.

No desarrollaríamos en el brasileño la conciencia crítica, indispensable para nuestra democratización, con esa educación desvinculada de la vida, centrada en la palabra,[14] "milagrosamente" vacía, de la realidad que debe representar.

No hay nada o casi nada en nuestra educación que desarrolle en nuestro estudiante el gusto al estudio, a la comprobación, a la revisión de los "descubrimientos", que desarrollaría la conciencia transitivo-crítica. Por el contrario, su peligrosa superposición a la realidad intensifica en nuestro estudiante su conciencia ingenua.

La propia posición de nuestra escuela, generalmente maravillada ella misma por la sonoridad de la palabra, por la memorización de los fragmentos, por la desvinculación de la realidad, por la tendencia a reducir los medios de aprendizaje a formas meramente nacionales, ya es una posición característicamente ingenua.[15]

Nos convencemos cada vez más de que en nuestra inexperiencia democrática se hallan las raíces de este nuestro apego a la palabra hueca, al verbo, al énfasis en los discursos, a la elegancia de la frase. Toda esta manifestación oratoria, casi siempre sin profundidad, revela, ante todo, una actitud mental; revela ausencia de permeabilidad característica de la conciencia crítica. Y es precisamente la crítica la nota fundamental de la mentalidad democrática.

14 En este sentido, véanse las excelentes observaciones de Fromm sobre la alienación del lenguaje, en *Marx y su concepto del hombre:* "...Hay que tener en cuenta siempre el peligro de la palabra hablada, que amenaza con sustituir a la experiencia vivida", p. 57.

15 Dos generaciones de educadores brasileños, a cuyo esfuerzo se viene uniendo el de los sociólogos preocupados por la educación, han recalcado en ensayos y artículos publicados en revistas especializadas (entre ellas la *Revista Brasileña de Estudios Pedagógicos*) este aspecto. Y han recalcado la objetivación de sus ideas, dentro de la perspectiva de una educación nueva, hoy cada vez más dirigida hacia el desarrollo. Anísio Teixeira, Fernando de Azevedo, Lourenço Filho, Carneiro Leao, y otros entre los más viejos. Roberto Moreira, Artur Ríos, Lauro de Oliveira Lima, Paulo de Almeida Campos, Florestan Fernandes (sobre todo sociólogo), Guerreiro Ramos (sociólogo) y otros, entre los más jóvenes.
No mencionamos los lúcidos e importantes estudios hechos por economistas brasileños. Pero pese a este esfuerzo, la tónica es aún la referida en el texto, salvo excepciones aisladas.

Cuanto más crítico un grupo humano, tanto más democrático y permeable es. Tanto más democrático cuanto más ligado a las condiciones de su circunstancia. Tanto menos experiencias democráticas exigen de él el conocimiento crítico de su realidad, participando en ella, intimando con ella, cuanto más superpuesto esté a su realidad e inclinado a formas ingenuas de encararla —formas ingenuas de percibirla, formas verbosas de representarla—; cuanto menos crítica hay en nosotros, tanto más ingenuamente tratamos los problemas y discutimos superficialmente los asuntos.

Ésta nos parecía una de las grandes características de nuestra educación: ir acentuando cada vez más posiciones ingenuas que nos dejan siempre en la periferia de lo que estamos tratando, poco o casi nada que nos lleve a posiciones más indagadoras, más inquietas, más creadoras, todo o casi todo que nos lleve, desgraciadamente, a la pasividad, al mero "conocimiento" memorizado, que, no exigiendo de nosotros elaboración o reelaboración, nos deja en posición de sabiduría inauténtica.

Nuestra cultura basada en la palabra[16] corresponde a nuestra inexperiencia dialogal, de investigación, de estudio, que, por su lado, está íntimamente ligada a la crítica, nota fundamental de la mentalidad democrática.

Por otro lado, hace poco tiempo que se viene sintiendo la preocupación por identificarnos sistemáticamente con nuestra realidad. Es el clima de la transición.

De ahí nuestra insistencia en el aprovechamiento de este clima. Y a partir de él intentaremos librar nuestra educación de sus manifestaciones ostensiblemente palabrescas, superar posiciones que revelan descreimiento en el educando, descreimiento en su poder de crear, de trabajar, de discutir precisamente. La democracia y la educación democrática se fundan en

---

16 Véase Fernando de Azevedo, *A cultura brasileira*, una de las mejores obras en este sentido, si no la mejor, ya publicadas en Brasil.

la creencia del hombre, en la creencia de que ellas no sólo pueden sino que deben discutir sus problemas, el problema de su país, de su continente, del mundo; los problemas de su trabajo; los problemas de la propia democracia.

La educación es un acto de amor, por tanto, un acto de valor. No puede temer el debate, el análisis de la realidad; no puede huir de la discusión creadora, bajo pena de ser una farsa.

¿Cómo aprender a discutir y a debatir con una educación que impone?

Dictamos ideas. No cambiamos ideas. Dictamos clases. No debatimos o discutimos temas. Trabajamos *sobre* el educando. No trabajamos con él. Le imponemos un orden que él no comparte, al cual sólo se acomoda. No le ofrecemos medios para pensar auténticamente, porque al recibir las fórmulas dadas simplemente las guarda. No las incorpora, porque la incorporación es el resultado de la búsqueda de algo que exige, de quien lo intenta, un esfuerzo de recreación y de estudio. Exige reinvención.

No sería posible, repetimos, formar hombres que se integren en este impulso democrático, con una educación de este tipo. Y no sería posible porque esta educación contradice este impulso y hace resaltar nuestra inexperiencia democrática. Educación en antinomia con el surgimiento del pueblo a la vida pública brasileña. Y eso en todos sus grados: primaria, media, universitaria. Esta última desarrollaba un esfuerzo digno de señalar, en algunas regiones del país, con la formación de cuadros técnicos, de profesionales, de estudiosos, de científicos, a quienes les falta, lamentablemente, una visión de la problemática brasileña.

En nuestro caso, así como no podemos perder la batalla del desarrollo, exigiendo rápidamente la ampliación de nuestros cuadros técnicos a todos los niveles (la mano de obra calificada del país es sólo del 20%) no podemos perder tampoco la batalla de la humanización del hombre brasileño.

De ahí la necesidad que sentíamos, y sentimos, de una indispensable visión armónica entre la posición verdaderamente humanista, más y más necesaria al hombre, de una sociedad en transición como la nuestra, y la visión tecnológica. Armonía que implica la superación del falso dilema humanismo-tecnología y en que, cuando se preparan técnicos para nuestro desarrollo, sin el cual moriremos, no se enfrenten, en su formación ingenua y acrítica, a otros problemas que no sean los de su especialidad.[17]

Merecen referencia especial dos empeños de gran importancia, en la educación universitaria y posuniversitaria. El del Instituto Superior de Estudios Brasileño (ISEB) y el de la Universidad de Brasilia, ambos frustrados por el golpe militar. Comprender su papel implica comprender el significado de esta realidad; el ISEB fue un momento en el despertar de la conciencia nacional, prolongado en la Universidad de Brasilia.

Hasta el surgimiento del ISEB, la conciencia de los intelectuales brasileños, o al menos de la gran mayoría de aquellos que pensaban y escribían en el Brasil, tenía como punto de referencia tanto para pensar como para evaluar su pensamiento la realidad del Brasil como visión europea y después norteamericana. Generalmente, pensar sobre el Brasil era pensar sobre el Brasil desde un punto de vista no brasileño. Se juzga el desarrollo cultural brasileño según criterios y perspectivas en los cuales el país era nece-

---

17 Sir Richard Livingston, en *Some Thoughts on University Education,* nos advierte de este peligro, sugiriendo una educación técnica y específica que no oblitere la visión total del hombre, una educación que le dé visión general de un mundo, que siendo más que "fórmulas" no se reduzca simplemente a ellas.
"Si estamos de acuerdo en que el animal es un especialista —nos dice Maritain en *La educación en este momento decisivo,* p. 39—, especialista perfecto, ya que toda su capacidad de conocer está limitada a ejecutar una función determinadísima habremos de concluir con un programa de educación que aspire sólo a formas especializadas cada vez más perfectas en dominios cada vez más especializados, e incapaz de dar un juicio sobre un asunto cualquiera que estuviese fuera de la materia de su especialización, lo que conduciría, sin duda, a una animalización progresiva del espíritu y de la vida humana."

sariamente un elemento extranjero. Es evidente que era éste un modo de pensar fundamentalmente alienado. De ahí la imposibilidad de un compromiso. El intelectual sufría nostalgias, vivía una realidad imaginaria que él no podía transformar, poniendo límites a su propio mundo, enojado contra él; sufría porque Brasil no era idéntico a aquel mundo imaginario en el cual vivía; sufría porque Brasil no era Europa o Estados Unidos; vivía proyectando la visión europea sobre Brasil, país atrasado; negaba a Brasil y buscaba refugio y seguridad en la erudición sin el Brasil verdadero, y cuanto más quería ser un hombre de cultura menos quería ser brasileño. El ISEB, que refleja el clima de desalienación característico de la fase de tránsito, era la negación de esta negación, basada en la necesidad de pensar sobre Brasil como realidad propia, como problema principal, como proyecto. Pensar en Brasil como sujeto, era asumir la realidad de Brasil como efectivamente era. Era identificarse con el Brasil como Brasil. La fuerza del pensamiento del ISEB tiene origen en esta identificación, en esta integración a la realidad nacional, ahora valorizada, porque estaba al descubierto y, por tanto, era capaz de fecundar, en forma sorprendente, la creación del intelectual que se pone al servicio de la cultura nacional. Esta integración tuvo dos consecuencias importantes: la fuerza de un pensamiento creador propio y el compromiso con el destino de la verdadera realidad.

Este pensar en Brasil como sujeto que llevaba a una necesaria integración con la realidad nacional va a caracterizar la acción de la Universidad de Brasilia que, huyendo obviamente a la importación de modelos alienados, busca un saber auténtico y por tanto comprometido. Su preocupación no era formar bachilleres verbosos ni técnicos tencnicistas. Insertándose cada vez más en la realidad nacional, su preocupación era contribuir a la transformación de la realidad, sobre la base de una verdadera comprensión de su proceso.

Su influencia y la del ISEB pueden ser comprendidas como resultado de la identificación con el despertar de la conciencia nacional, que busca la conquista de Brasil como tarea de transformación. En este sentido, el mensaje de ambos continúa, como también la tarea del intelectual y de la juventud brasileña, del pueblo brasileño en general.

4. Educación y concienciación

Preocupados con la cuestión de la democratización de la cultura, dentro del cuadro general de la democratización fundamental, encontramos necesario prestar especial atención a los déficit cuantitativos y cualitativos de nuestra educación.

Estos déficit, realmente alarmantes, constituyen obstáculos al desarrollo del país y a la creación de una mentalidad democrática. Contradicen el ímpetu de su emancipación.

El número de niños de edad escolar, sin escuela, es aproximadamente de 4.000.000 y el de analfabetos mayores de 14 años 16.000.000, cifras que junto a nuestra educación inadecuada hablan por sí solas.

Hace más de 15 años que venimos acumulando experiencias en el campo de la educación de adultos, en áreas proletarias y subproletarias, urbanas y rurales.

Nos sorprende la apetencia educativa de las poblaciones urbanas, hecho que se asocia directamente con la transitividad de su conciencia, y cierta inapetencia de los rurales, ligada a la intransitividad de su conciencia.

Confiamos siempre en el pueblo. Negaremos siempre fórmulas dadas. Afirmamos siempre que tenemos que cambiar junto a él, y no sólo ofrecerle datos.

Experimentamos métodos, técnicas, procesos de comunicación. Superamos procedimientos. Nunca abandonamos la convicción, que siempre tuvimos, de que sólo en las bases populares, y con ellas, podríamos realizar algo serio y auténtico. De ahí que jamás admitiremos que la democratización de la cultura sea su vulgarización, ni tampoco que sea algo fabricado en nuestra biblioteca y entregado luego al pueblo como prescripción a ser cumplida.

Estamos convencidos, con Mannheim, de que, "en la medida en que los procesos de democratización se hacen generales, se hace también cada vez más difícil dejar que las masas permanezcan en su estado de ignorancia".[1] Refiriéndose a este estado de ignorancia, Mannheim no se limita al analfabetismo sino que incluye la no participación y la no injerencia de ellas, que debe sustituirse por la participación crítica, que es una forma de sabiduría. Sólo le sería posible transformarse en pueblo, capaz de optar y decidir por medio de la participación crítica.

Experiencias más recientes, de hace cinco años, en el Movimiento de Cultura Popular de Recife, nos llevaron a madurar convicciones que veníamos alimentando desde jóvenes, cuando iniciamos, como educadores, relaciones con proletarios y subproletarios.

Coordinábamos en aquel Movimiento el "Proyecto de Educación de Adultos", a través del cual lanzamos dos instituciones básicas de educación cultural popular: el "círculo de cultura" y el "centro de cultura".[2]

En la primera, instituimos debates de grupo, tanto en búsqueda de la aclaración de situaciones, como en búsqueda de la acción misma, que surge de la clarificación.

---

1 Karl Mannheim, *Libertad y planificación*, p. 50.
2 De acuerdo con las tesis centrales que venimos desarrollando, nos pareció fundamental hacer algunas aclaraciones en la experiencia que iniciábamos. Así, en lugar de escuela, que nos parece un concepto, entre nosotros, demasiado cargado de pasividad, en nuestra propia formación (incluso cuando se le da el atributo de activa), contradiciendo la dinámica de la transición, lanzamos el de "círculo de cultura". En lugar de profesor, con tradiciones fuertemente "donantes", "coordinador de debates". En lugar de aula discursiva, "diálogo". En lugar de alumno con tradiciones pasivas, "participante del grupo". En lugar de los "puntos" y de programas alienados, "programación compacta", "reducida" y "codificada" en unidades de aprendizaje.

La programación de esos debates nos la ofrecían los propios grupos en entrevistas que manteníamos con ellos y de las cuales extraíamos los problemas que les gustaría debatir. Entre otros temas, el "nacionalismo", "fuga de divisas", "evolución política del Brasil", "desarrollo", "analfabetismo", "voto del analfabeto", "democracia", se repetían de grupo en grupo.

Se esquematizaban estos y otros asuntos con ayuda visual, y se presentaban a los grupos en forma de diálogo. Los resultados eran sorprendentes.

Luego de seis meses de experiencia, nos preguntábamos si no sería posible hacer algo en la alfabetización del adulto, con un método también activo que nos diese resultados similares a los que veníamos obteniendo al analizar los aspectos de la realidad brasileña.[3]

Desde luego, descartamos cualquier hipótesis de una alfabetización puramente mecánica. Pensábamos en la alfabetización del hombre brasileño como una toma de conciencia en la injerencia que hiciera en nuestra realidad. Un trabajo con el cual intentásemos, junto a la alfabetización, cambiar la ingenuidad en crítica.

3 La primera experiencia fue realizada en Recife, con un grupo de cinco analfabetos, de los cuales dos desistieron al segundo o tercer día. Eran hombres de zonas rurales que revelaban cierto fatalismo y cierta apatía frente a los problemas, completamente analfabetos. En el segundo día de debates, aplicamos tests para medir el aprendizaje, cuyos resultados fueron favorables (positivos). En esta fase trabajamos con "epidiascopio", por proporcionarnos mayor flexibilidad en la experiencia. Proyectábamos una ficha en la que aparecían dos vasijas de cocina, en una escrita la palabra "azúcar" y en otra "veneno". Y abajo: "¿cuál de las dos usaría usted para su naranjada?". Pedíamos entonces al grupo que intentase leer la pregunta y diese la respuesta oralmente. Respondían después de algunos segundos: "azúcar". Usamos el mismo procedimiento en relación con otros aspectos, como, por ejemplo, el reconocimiento de línea de ómnibus y edificios públicos. En la vigesimoprimera hora uno de los participantes escribió con seguridad: "Yo estoy espantado de mí mismo".

Pensábamos en una alfabetización directa y realmente ligada a la democratización de la cultura, que fuese una introducción a esta democratización. Una alfabetización que, por eso mismo, no considerase al hombre espectador del proceso, cuya única virtud es tener paciencia para soportar el abismo entre su experiencia existencial y el contenido que se le ofrece para su aprendizaje, sino que lo considerase como sujeto. En verdad, solamente con mucha paciencia es posible tolerar, después de las durezas de un día de trabajo o de un día sin "trabajo", lecciones que hablen de "ala", "Pedro vio el ala", "El ala es del ave", lecciones que hablan de Evas y de uvas a los hombres que a veces conocen pocas Evas y nunca comerán uvas: "Eva vio la uva". Pensábamos en una alfabetización que fuese en sí un acto de creación capaz de desencadenar otros actos creadores, en una alfabetización en que el hombre, no siendo su objeto, desarrolle la impaciencia, la vivacidad, característica de los estados de estudio, la invención, de reivindicación.

Con la valiosa colaboración del equipo del entonces Servicio de Extensión Cultural de la Universidad de Recife, en ese momento dirigido por nosotros, y en cuya órbita se realizó definitivamente la experiencia, partíamos de varios datos.

Partíamos de que la posición normal del hombre, afirmada en el primer capítulo de este trabajo, era no sólo *estar* en el mundo sino *con* él, trabar relaciones permanentes con este mundo, que surgen de la creación y recreación o del enriquecimiento que él hace del mundo natural, representado en la realidad cultural. Con estas relaciones con la realidad y en la realidad traba el hombre una relación específica —de sujeto a objeto— de la cual resulta el conocimiento expresado por el lenguaje. Esta relación, como ya quedó claro, está hecha por el hombre, independientemente de si está o no alfabetizado. Basta ser hombre para realizarla. Basta ser hombre para ser capaz de captar los datos de la realidad. Basta ser capaz de saber, aun cuando sea un saber meramente vulgar. De ahí que no haya ignorancia absoluta ni sabiduría absoluta.[4] Sin embargo, el hombre no capta el dato de la realidad, el fenómeno, la situación problemática pura. En la captación del problema del fenómeno, capta también sus nexos causales, aprehende la causalidad. La captación será tanto más crítica cuanto más profunda sea la aprehensión de la causalidad auténtica. Y será tanto más mágica en la medida en que se haga mínima la aprehensión de esa causalidad, mientras que para la conciencia crítica la propia causalidad auténtica está siempre sometida a su análisis; lo que es auténtico hoy puede no serlo mañana para la conciencia ingenua, lo que le parece causalidad auténtica, que en realidad no lo es, tiene este carácter de autenticidad en forma absoluta.

La conciencia crítica

es la representación de las cosas y de los hechos como se dan en la existencia empírica, en sus correlaciones causales y circunstanciales... La conciencia ingenua [por el contrario] se cree superior a los hechos dominándolos desde afuera y por eso se juzga libre para entenderlos conforme mejor le agrada.[5]

La conciencia mágica, por otro lado, no se considera "superior a los hechos", dominándolos desde afuera, ni "se juzga libre para entenderlos como mejor le agrada". Simplemente los capta, otorgándoles un poder superior al que teme porque la domina desde afuera y al cual se somete con docilidad. Es propio de esta conciencia el fatalismo que lo lleva a cruzarse de brazos, a la im-

---

4 Nadie ignora todo, nadie sabe todo. La absolutización de la ignorancia, además de ser la manifestación de una conciencia ingenua de la ignorancia y del saber, es instrumento del que se sirve de la conciencia dominadora para arrastrar a los llamados "incultos", los "absolutamente ignorantes" que, "incapaces de dirigirse", necesitan de la "orientación" de la "dirección", de la "conducción" de los que se consideran a sí mismos "cultos y superiores".

5 Álvaro Vieira Pinto, *Consciencia e realidade nacional,* Río de Janeiro, ISEB, MEC, 1961.

posibilidad de hacer algo frente al poder de los hechos consumados, bajo los cuales queda vencido el hombre.

Es propio de la conciencia crítica su integración con la realidad, mientras que lo propio en la ingenua es su superposición a la realidad. Podríamos agregar, finalmente, a los análisis que hiciéramos en el primer capítulo, a propósito de la conciencia, que para la conciencia fanática cuya patología de la ingenuidad lleva a lo irracional lo adecuado es el acomodamiento, el ajuste y la adaptación.

Toda comprensión corresponde entonces tarde o temprano a una acción. Luego de captado un desafío, comprendido, admitidas las respuestas hipotéticas, el hombre actúa. La naturaleza de la acción corresponde a la naturaleza de la comprensión. Si la comprensión es crítica o preponderantemente crítica la acción también lo será. Si la comprensión es mágica, mágica también será la acción.

Lo que deberíamos hacer en una sociedad en transición como la nuestra, en pleno proceso de democratización fundamental en el cual el pueblo emerge, es intentar una educación que fuese capaz de colaborar con él en la indispensable organización reflexiva de su pensamiento. Educación que pusiese a su disposición medios con los cuales fuese capaz de superar la captación mágica o ingenua de su realidad y adquiriese una predominantemente crítica. Esto significaba entonces colaborar con el pueblo, para que asumiese posiciones cada vez más identificadas con el clima dinámico de la transición, posiciones integradas a la democratización fundamental y, por eso mismo, contrarias a la inexperiencia democrática.

Estábamos, así, intentando una educación que nos parecía necesaria, identificada con las condiciones de nuestra realidad. Al integrarse a nuestro tiempo y a nuestro espacio y al ayudar al hombre a reflexionar sobre su ontológica vocación de sujeto, debía realmente ser instrumental.

Y si ya pensábamos en un método activo que fuese capaz de hacer crítico al hombre a través del debate en grupo de situaciones desafiantes, estas situaciones tendrán que ser existenciales para tales grupos. De otra manera, estaríamos repitiendo los errores de una educación alienada, sin lograr que sea instrumental.

El propio análisis que veníamos haciendo de la sociedad brasileña, como sociedad en transición con todas sus intensas contradicciones, nos servía de apoyo.

Sentíamos —permítasenos la repetición— la urgencia de una educación que fuese capaz de ayudar a lograr esa inserción a la que tanto nos hemos referido. Inserción que, tomando al pueblo que emergía por la "descomposición de la sociedad", fuese capaz de llevarlo de la transitividad ingenua a la crítica. Sólo así evitaríamos su masificación.

Éste era uno de los fundamentos de nuestra experiencia educativa.

¿Pero cómo realizar esta educación? ¿Cómo proporcionar al hombre medios para superar sus actitudes mágicas o ingenuas frente a su realidad? ¿Cómo ayudarlo a crear, si era analfabeto, el mundo de signos gráficos? ¿Cómo ayudarlo a comprometerse con su realidad?

Nos parece que la respuesta se halla en:

a) un método activo, dialogal, crítico y de espíritu crítico;

b) una modificación del programa educacional;

c) el uso de técnicas tales como la reducción y codificación.

Esto solamente podría lograrse con un método activo, dialogal, y participantes.[6]

¿Y qué es el diálogo? Es una relación horizontal de A más B. Nace de una matriz crítica y genera crítica (Jaspers). Se nutre del amor, de la humildad, de la esperanza, de la fe, de la confianza. Por eso sólo el diálogo comunica. Y cuando los polos del diálogo se ligan así, con amor, esperanza y fe uno en el otro, se

6 A más B = Diálogo
_____   comunicación
                intercomunicación
Relación de "simpatía" entre los polos en busca de algo. Matriz: amor, humildad, esperanza, fe, confianza crítica.

hacen críticos en la búsqueda de algo. Se crea, entonces, una relación de simpatía entre ambos. Sólo ahí hay comunicación.

El diálogo es, por tanto, el camino indispensable —dice
Jaspers— no solamente en las cuestiones vitales para
nuestro orden político, sino para todo nuestro ser. El
diálogo sólo tiene estímulo y significado en virtud de la
creencia en el hombre y en sus posibilidades, la creencia de que solamente llego a ser yo mismo cuando los
demás también lleguen a ser ellos mismos.

Era el diálogo que oponíamos al antidiálogo, propio de nuestra formación histórico-cultural, tan presente y al mismo tiempo
tan antagónico al clima de transición.
El antidiálogo,[7] que implica una relación vertical de A sobre B, se
opone a todo eso. Es desamoroso. Es acrítico y no genera crítica,
exactamente porque es desamoroso. No es humilde. Es desespe-
rante. Es arrogante. Es autosuficiente. En el antidiálogo se quiebra
aquella relación de "simpatía" entre sus polos, que caracteriza al diálogo. Por todo eso, el antidiálogo no comunica. Hace comunicados.[8]

Precisábamos de una pedagogía de comunicación con qué
vencer el desamor acrítico del antidiálogo.

Hay más. Quien dialoga, lo hace con alguien y sobre algo.
Este algo debe ser el nuevo programa educacional que defen-
demos.

Y nos parece que lo principal en este nuevo programa con que
ayudaríamos al analfabeto, aun antes de iniciar su alfabetización,

---

7   Antidiálogo
Relación de   A
"simpatía"   (| sobre
quebrada   (|
              B = comunicado
Matriz: desamor sin humildad, desesperanzado, sin fe, sin
confianza, acrítico.

8 Véase Karl Jaspers, *Razão e anti-razão do nosso tempo*.

a superar su comprensión ingenua y a desarrollarse la crítica, sería el concepto antropológico de cultura. La distinción entre los dos mundos: el de la naturaleza y el de la cultura. El papel activo del hombre *en* y *con* su realidad. El sentido de la mediación que tiene la naturaleza en las relaciones y comunicaciones entre los hombres. La cultura como el aporte que el hombre hace al mundo que él no pudo hacer. La cultura como el resultado de su trabajo, de su esfuerzo creador y recreador. El sentido trascendental de sus relaciones. La dimensión humanista de la cultura. La cultura como adquisición sistemática de la experiencia humana, como una incorporación por eso crítica y creadora, y no como una yuxtaposición de informes o prescripciones "dadas". La democratización de la cultura-dimensión de la democratización fundamental. El aprendizaje de la escritura y de la lectura como una llave con la que el analfabeto iniciaría su introducción en el mundo de la comunicación escrita. En suma, el hombre *en* el mundo y *con* el mundo. Como sujeto y no meramente como objeto.

A partir de ahí, el analfabeto comenzaría a cambiar sus actitudes anteriores. Se descubriría críticamente como hacedor de ese mundo cultural. Descubriría que tanto él como el letrado tienen aptitudes para la creación y la recreación. Descubriría que cultura es el muñeco de barro hecho por los artistas de su pueblo, así como la obra de un gran escultor, de un gran pintor, de un gran místico, o de un pensador. Que cultura es tanto la poesía realizada por poetas letrados como la poesía contenida en un cancionero popular. Que cultura es toda creación humana.

Para introducir el concepto de cultura, al mismo tiempo gnoseológica y antropológicamente, hicimos la "reducción" de este concepto a trazos fundamentales, once situaciones existenciales "codificadas" capaces de desafiar a los grupos y hacérselas comprender por medio de su "descodificación". Francisco Brenand, una de las mayores expresiones de la pintura actual brasileña, pintó estas situaciones proporcionando así una perfecta integración entre educación y arte.

La primera situación provoca la curiosidad del analfabeto que, para usar la expresión de un escritor amigo del autor, "al destemporalizarse inicia su integración en el tiempo".[9]

Es sorprendente ver cómo se inician los debates y con qué curiosidad los analfabetos van respondiendo a los problemas presentados por la situación. Cada lámina presenta un número determinado de elementos a ser descodificados por el grupo de educandos con el auxilio del coordinador de los debates.

Y en la medida en que se intensifica el diálogo en torno de las situaciones codificadas —con "x" elementos— y los participantes responden en formas diversas a las situaciones que los desafían, se crea un "circuito" entre ellos, que será tanto más dinámico cuanto más responda la información a la realidad existencial de los grupos.

Muchos de ellos, durante los debates, donde comprenden el concepto antropológico de cultura, afirman felices y confiados que no se les está mostrando "nada nuevo, sino que se les está refrescando la memoria". "Hago zapatos —dice otro—, pero ahora descubro que tengo el mismo valor del doctor que hace libros."

"Mañana —dijo una vez un trabajador de la Prefectura de Brasilia, al discutir el concepto de cultura— voy a entrar en mi trabajo con la cabeza en alto." Descubrió el valor de su persona. Se afirmó en sí mismo. "Sé ahora que soy culto", afirmó enfáticamente un viejo campesino. Y al preguntarle cómo lo sabía, respondió con el mismo énfasis: "Porque trabajo y trabajando transformo el mundo".[10]

Reconocidos, después de la primera situación, los dos mundos —el de la naturaleza y el de la cultura y el papel del hombre en esos dos mundos—, se suceden otras situaciones en las que se aclara y amplía la comprensión del dominio cultural.

9 Odilom Ribeiro Coutinho, después de asistir a una de las exposiciones del autor sobre su experiencia.
10 Estas afirmaciones se vienen repitiendo en las experiencias que comienzan a realizarse en Chile.

La conclusión de los debates gira en torno de la dimensión de la cultura como adquisición sistemática de la experiencia humana. Esta adquisición, en una cultura letrada, ya no se hace sólo por vía oral, sino como en las iletradas, a las que le faltan los signos gráficos. De ahí se pasa al debate de la democratización de la cultura con que se abren las perspectivas para iniciar la alfabetización.

Todo este debate es sumamente crítico. El analfabeto aprende críticamente la necesidad de aprender a leer y a escribir, se prepara para ser el agente de este aprendizaje.

Y consigue hacerlo, en la medida en que la alfabetización es más que el simple dominio psicológico y mecánico de las técnicas de escribir y de leer. Es el dominio de estas técnicas en términos conscientes. Es entender lo que se lee y escribir lo que se entiende. Es comunicarse gráficamente. Es una incorporación. Implica no una memorización visual y mecánica de cláusulas, de palabras, de sílabas, incongruentes con un universo existencial —cosas muertas o semimuertas—, sino una actitud de creación y recreación. Implica una autoformación de la que pueda obtenerse una postura activa del hombre frente a su contexto. De ahí que el papel del educador sea, fundamentalmente, dialogar con el analfabeto sobre situaciones concretas, ofreciéndole simplemente los instrumentos con los cuales él se alfabetiza. Por eso, la alfabetización no puede hacerse desde arriba hacia abajo, como una donación o una imposición, sino desde adentro hacia afuera, por el propio analfabeto, y con la simple colaboración del educador. Por eso es que buscábamos un método que fuese también instrumento del educando y no sólo del educador, y que identificase, como lúcidamente observó un joven sociólogo brasileño,[11] el contenido del aprendizaje con el proceso mismo del aprendizaje.

11 Celso Beisegel, trabajo inédito.

De ahí nuestro descreimiento inicial en las cartillas,[12] que presentan los signos gráficos como una donación y reducen al analfabeto más a la condición de *objeto* de su alfabetización que de *sujeto* de ésta. Teníamos que pensar, por otro lado, en la reducción de las llamadas palabras generadoras,[13] fundamentales para el aprendizaje de una lengua silábica como la nuestra. No pensamos en la necesidad de 40, 50 u 80 palabras generadoras para la comprensión de los fenómenos básicos de la lengua portuguesa. Sería esto una pérdida de tiempo. 15 o 18 nos parecen suficientes para la alfabetización por medio de la concienciación.

Analicemos ahora las fases de elaboración y de acción práctica del método. Fases:

I. OBTENCIÓN DEL UNIVERSO VOCABULAR DE LOS GRUPOS CON LOS CUALES SE TRABAJARÁ

Este estudio se hace a través de encuentros informales con los moradores del área a alfabetizar y durante los cuales no sólo se obtendrán los vocablos con sentido existencial, y por tanto de mayor contenido emocional, sino también aquellos típicos del

12 En verdad, las cartillas, por más que traten de evitarlo, terminan por dar al analfabeto palabras y frases que realmente deben surgir de su esfuerzo creador. Lo fundamental en la alfabetización de una lengua silábica como la nuestra es que el hombre aprenda críticamente su mecanismo de formación vocabular para que haga, él mismo, el juego creador de combinaciones. No es que estemos en contra de los textos de lectura, que son otra cosa indispensable para el desarrollo del canal visual-gráfico y que deben ser en gran parte elaborados por los propios "participantes". Agreguemos que nuestra experiencia se fundamenta en el aprendizaje de la información a través de canales múltiples de comunicación.

13 Palabras generadoras son aquellas que, descompuestas en sus elementos silábicos, propician, por la combinación de esos elementos, la creación de nuevas palabras.

pueblo, sus expresiones particulares, vocablos ligados a la experiencia de los grupos, de los que el profesional forma parte.

De esta frase se obtienen resultados muy ricos para el equipo de educadores, no sólo por las relaciones que se establecen, sino por la riqueza del lenguaje del pueblo, que a veces ni se sospecha.

Las entrevistas revelan deseos, frustraciones, descreimientos, esperanzas, deseos de participación como también ciertos momentos altamente estéticos del lenguaje del pueblo.

Entre los vocablos obtenidos y que figuraban en los archivos del Servicio de Extensión Cultural de la Universidad de Recife, en áreas rurales y urbanas del Nordeste y del Sur del país, encontramos ejemplos que no son raros, como éste: "Es difícil vivir en enero en Angicos —dice un hombre de esta región de Río Grande del Norte— porque enero es la cabra enfurecida que viene a dañarnos". "Afirmación al estilo de Guimarães Rosa", dice hablando de esta frase el profesor Luis de França Costa Lima, que formaba parte de nuestro equipo del Servicio de Extensión Cultural de la Universidad de Recife.

"Quiero aprender a leer y a escribir —dice un analfabeto de Recife— para dejar de ser la sombra de otros." Y un hombre de Florianópolis, revelando claramente el emerger del pueblo, característico de la transición brasileña, dice: "El pueblo tiene respuesta". Otro dice en tono afligido: "No tengo 'rabia' por ser pobre, sino por no saber leer".

"Yo tengo la escuela del mundo", dice un analfabeto del Estado del Sur del país, y que originó la siguiente pregunta en un ensayo del profesor Jomard de Brito:[14] "¿Habría alguna cosa que proponer al hombre adulto que afirma 'yo tengo la escuela del mundo'?"

"Quiero aprender a leer y a escribir para cambiar al mundo", afirmación de un analfabeto paulista para quien, verdaderamente, conocer es modificar la realidad conocida.

---

14 Jomard Muniz de Brito, *Educação de adultos unificação de cultura*, en *Estudos Universitarios*, revista de la Universidad de Recife, 2-4, 1963.

"El pueblo se puso un tornillo en la cabeza", afirmó otro, en un lenguaje un tanto esotérico. Y al preguntarle qué "tornillo" era ése respondió, revelando una vez más la injerencia popular en la transición brasileña: "Es lo que explica usted, doctor, al venir a hablar conmigo, pueblo".

Innumerables afirmaciones de este orden exigen realmente un tratamiento universitario para ser interpretadas, tratamiento de varios especialistas que resulta, para el educador, un instrumento eficiente para su acción.

Muchas de estas frases de autores analfabetos eran analizadas por el profesor Luis Costa Lima en la cátedra que dictaba sobre teoría literaria.

Las palabras generadoras deberían salir de este estudio y no de una selección hecha por nosotros en nuestro gabinete, por más técnicamente bien escogidas que estuviesen.

II. LA SEGUNDA FASE CONSTITUYE LA SELECCIÓN DEL UNIVERSO VOCABULAR ESTUDIADO

Selección a ser realizada bajo ciertos criterios:

a) riqueza fonética;

b) dificultades fonéticas (las palabras escogidas deben responder a las dificultades fonéticas de la lengua, colocadas en secuencias que van gradualmente de las dificultades menores a las mayores);

c) tenor pragmático de la palabra que implica mayor pluralidad en el compromiso de la palabra con una realidad social, cultural, política, etc., dada.

> Hoy —dice el profesor Jarbas Maciel— vemos que estos criterios están contenidos en el criterio semiótico: la mejor palabra generadora es aquella que reúne en sí el

mayor "porcentaje" posible de los criterios sintáctico (posibilidad o riqueza fonética, grado de dificultad fonética, "manipulabilidad" de los grupos de signos, las sílabas, etcétera), semántico (mayor o menor "intensidad" del vínculo establecido entre la palabra y el ser que ésta designa, y mayor o menor adecuación entre ambos) y pragmático (mayor o menor tenor potencial de concienciación, o conjunto de reacciones socioculturales que la palabra genera en la persona o el grupo que la utiliza).[15]

III. LA TERCERA FASE CONSISTE EN LA CREACIÓN DE SITUACIONES EXISTENCIALES TÍPICAS DEL GRUPO CON QUE SE VA A TRABAJAR

Estas situaciones desafían a los grupos. Son situaciones-problema, codificadas, que incluyen elementos que serán descodificados por los grupos, con la colaboración del coordinador. El debate en torno a ellas, como se hace con aquellas que nos dan el concepto antropológico de cultura, llevará a los grupos a tomar conciencia para que al mismo tiempo se alfabeticen.

Son situaciones locales que abren perspectivas, para analizar problemas nacionales y regionales. En ellas se van colocando los vocablos generadores, en grados según sus dificultades fonéticas. Una palabra generadora puede incluir la totalidad de la situación, o puede referirse a uno de sus elementos.

---

15 Jarbas Maciel, *A fundamentação teórica do sistema Pauto Freire de educação*, en *Estudos Universitarios*, núm. II, 1963.

IV. LA CUARTA FASE CONSISTE EN LA ELABORACIÓN DE FICHAS QUE AYUDEN A LOS COORDINADORES EN SU TRABAJO

Estas fichas deben ser meros apoyos para los coordinadores, jamás una prescripción rígida que deben obedecer y seguir fielmente.

V. LA QUINTA FASE CONSISTE EN LA PREPARACIÓN DE FICHAS CON LA DESCOMPOSICIÓN DE LAS FAMILIAS FONÉTICAS QUE CORRESPONDEN A LOS VOCABLOS GENERADORES

La gran dificultad que se nos presenta y que exige una gran responsabilidad es la preparación de los cuadros de los coordinadores. La dificultad no se halla en el aprendizaje puramente técnico de su procedimiento. Está en la creación de una nueva —y al mismo tiempo vieja— actitud, la del diálogo que tanta falta nos hizo en el tipo de formación que tuvimos y que analizamos ya en el segundo capítulo de este estudio. Actitud dialogal que los coordinadores deben adquirir para realmente educar y no "domesticar". Porque, siendo el diálogo una relación *yo-tú*, es necesariamente una relación de dos sujetos. En cuanto el "tú" de esta relación se convierta en mero objeto, el diálogo se destruirá y ya no se estará educando, sino deformando. Este esfuerzo serio de capacitación deberá acompañarse permanentemente de una supervisión, también dialogal, con que se evitarán las tentaciones del antidiálogo.

Una vez confeccionado este material con *slides, stripps-films* o carteles, preparados los equipos de coordinadores y supervisores, entrenados inclusive para discutir las situaciones ya elaboradas y recibidas sus fichas, se iniciará el trabajo.

5. Ejecución práctica

Una vez proyectada la situación —representación gráfica de la expresión oral— se inicia el debate en torno de sus implicaciones.

Sólo cuando el grupo haya agotado, con la colaboración del coordinador, el análisis (descodificación) de la situación dada, el educador pasa a la visualización de la palabra generadora; para la visualización y no para su memorización. Luego de visualizarla, establecido el vínculo semántico entre ella y el objeto a que se refiere y que se representa en la situación, se ofrece al educando en otro *slide*, cartel o foto en el caso de *stripp-film*, la palabra, sin el objeto nombrado. Después se presenta la misma palabra separada en sílabas, que generalmente el analfabeto identifica como "trozos". Reconocidos los "trozos" en la etapa del análisis, se pasa a la visualización de las familias fonémicas que componen la palabra en estudio.

Estas familias, que son estudiadas aisladamente, se presentan luego en conjunto, llegando en último término al reconocimiento de las vocales. La profesora Aurenice Cardoso llamó a esta ficha que presenta las familias en conjunto "ficha de descubrimiento",[1] ya que, por medio de ella, haciendo síntesis, el hombre descubre el mecanismo de la formación vocabular en

1 Aurenice Cardoso, *Concienciación y alfabetización, visión práctica del sistema Paulo Freire de educación de adultos*, en *Estudos Universitarios*, núm. II, 1963.

una lengua silábica como la portuguesa, que se hace por medio de combinaciones fonémicas.

Apropiándose críticamente y no sólo mnémicamente —lo que no sería una verdadera apropiación— de este mecanismo comienza a crear por sí mismo su sistema de signos gráficos. Empieza entonces en el primer día de su aprendizaje y con la mayor facilidad a crear palabras con las combinaciones fonéticas puestas a su disposición por la descomposición de un vocablo trisilábico.[2]

Imaginemos la palabra *tijolo* (ladrillo), como primera palabra generadora, colocada en una "situación" de construcción. Discutida la situación en sus aspectos posibles, se haría la vinculación semántica entre la palabra y el objeto que nombra.

Visualizada la palabra dentro de la situación, se presenta luego sin el objeto: TIJOLO.

Después vendría: ti-jo-lo.

Inmediatamente después de la visualización de los "trozos" y dejando de lado una ortodoxia analítico-sintética,[3] la palabra se separa para reconocer las familias fonémicas.

2 Generalmente, conseguíamos, en un período que va de un mes y medio a dos, que grupos de veinticinco hombres leyeran periódicos, escribieran notitas, cartas simples y discutieran problemas de interés local y nacional.
Agreguemos también que un círculo de cultura se montaba con un proyecto de fabricación polaca, traído al Brasil por 7.800 cruceiros. Un *film-strip* que nos costaba, mientras no montásemos nuestro propio laboratorio, de cuatro a cinco mil cruceiros. La proyección era hecha en la propia pared de la casa donde se instalaba el círculo de cultura o en un pizarrón de bajo costo. En los locales donde se hacía difícil la proyección en la pared, usábamos el pizarrón, cuyo lado opuesto, pintado de blanco, funcionaba como tela.
El Ministerio de Educación importó 35.000 de estos aparatos que funcionaban con 220, 110 y 6 voltios. Aparatos que fueron presentados, después de la "revolución", en programas de TV como altamente "subversivos".

3 Según los progresos psicológicos, los métodos de la enseñanza de lectura y escritura se clasifican en dos grandes grupos: métodos sintéticos y analíticos. Y uniendo los dos, los llamados analiticosintéticos. Para el profesor William Gray los métodos de

A partir de la primera sílaba, "ti", el grupo conoce toda la familia fonémica resultante de la combinación de la consonante inicial con las demás vocales. En seguida el grupo conocerá la segunda familia, a través de la visualización de "jo", para finalmente llegar al conocimiento de la tercera.

Cuando se proyecta la familia fonética, el grupo reconoce la sílaba de la palabra visualizada.

(ta-te-*ti*-to-tu), (ja-je-ji-*jo*-ju), (la-le-li-*lo*-lu)

Reconocido el *ti*, de la palabra generadora *tijolo*, se propone al grupo que la compare con las otras sílabas, lo que le muestra que, si bien comienzan igualmente, terminan en forma diferente. De esta manera no todos pueden *ser* "ti".

Idéntico procedimiento se sigue con las sílabas "jo" y "lo" y sus familias. Después del conocimiento de cada familia fonética, se hacen ejercicios de lectura para la fijación de las sílabas nuevas.

El momento más importante surge ahora al presentarse las tres familias juntas:

enseñanza de lectura se alinean en dos grandes grupos, que él llama antiguos y especializados y métodos modernos, más o menos eclécticos. Según el profesor Gray, esta clasificación presenta una doble ventaja: "Es relativamente simple, no se presta para la controversia y se aplica a todos los métodos utilizados para enseñar los caracteres alfabéticos, silábicos o ideográficos. Los antiguos se agrupan en dos clases: aquellos que se basan en los elementos vocabulares y en su valor fonético, para llegar a identificar los nombres, y aquellos que consideran una sola vez las unidades lingüísticas más importantes, insistiendo en su comprensión". En la primera clase, sitúa el profesor Gray "los métodos alfabéticos, fonéticos y silábicos que superan el método sintético, precisamente porque el elemento de base es la sílaba". Después de analizar la segunda clase de los llamados métodos antiguos se refiere a aquellos que llama "métodos modernos". Discute, entonces, las tendencias modernas que encuadra en dos grandes categorías: tendencias eclécticas y tendencias centradas en el alumno. La tendencia ecléctica abarca exactamente la síntesis y el análisis, propiciando el método analítico-sintético. Nuestro trabajo se clasificaría entre las nuevas tendencias. Es un método ecléctico, en que jugamos, incluso, con la elaboración de textos en colaboración con los educandos. William Gray, *L'enseignement de la lecture et de l'écriture,* UNESCO.

ta-te-ti-to-tu
ja-je-ji-jo-ju   } "Ficha de Descubrimiento"
la-le-li-lo-lu

Después de una lectura en horizontal y otra en vertical, en la cual se sorprenden los sonidos vocales, comienza el grupo, y no el coordinador, a realizar la síntesis oral.

De uno en uno, todos van "creando"[4] palabras con las combinaciones posibles a disposición:

tatu, luta, tijolo, lajota, tito, loja, jato, juta, lote, lula, tela, etcétera,* y así hasta que, usando una vocal y una de las sílabas, surja una nueva a la que juntan una tercera para formar una palabra. Por ejemplo, sacando la *i* de *li,* juntándola con *le* y sumando *te* surge: *leite* (leche).

Hay casos como el de un analfabeto de Brasilia que, para emoción de todos los presentes, incluso del ex ministro de Educación Paulo de Tarso, cuyo interés por la educación del pueblo lo llevaba por las noches, al término de su tarea, a asistir a los debates del Círculo de Cultura, dijo: "tu já les", que sería en buen portugués: *tu ja les* (tú ya lees).

Esto sucedió en la primera noche en que iniciaba su alfabetización...

Terminados los ejercicios orales en que no sólo hubo conocimiento, sino reconocimiento, sin el cual no hay verdadero aprendizaje, el hombre comienza en la misma noche a escribir.

Al día siguiente, trae de casa, como tarea, tantos vocablos como haya podido crear con combinaciones de fonemas conocidos. No importa que traiga vocablos que no sean términos. Lo que importa, en el día en que se inicia en este nuevo te-

---

4 "Y hacen esto nos dice cierta vez, lúcidamente, el señor Gilson Amado al entrevistarnos en su programa de TV, en la medida en que no hay alfabetización oral."

* Aquí se mantienen las combinaciones fonéticas del original que surgen de la combinación silábica de las tres familias fonéticas derivadas de la palabra portuguesa *tijolo.* [T.]

rreno, es el descubrimiento del mecanismo de las combinaciones fonémicas.

El estudio de vocablos creados debe ser hecho por el grupo con la ayuda del educador y no sólo por éste con la asistencia del grupo.

En la experiencia realizada en el estado de Río Grande del Norte llamaban "palabras de pensamiento" aquellas que eran términos, y "palabras muertas" aquellas que no lo eran.

No faltaron ejemplos de hombres que después de la adquisición de los mecanismos fonémicos con la "ficha de descubrimiento" escribían palabras con fonemas complejos —*tra, nha,* etc.— que aún no se le habían presentado. En uno de los Círculos de Cultura de Angicos —Río Grande del Norte— que fuera coordinado por una de nuestras hijas, Magdalena, en el quinto día de debate, en que apenas se presentaban fonemas simples, uno de los participantes fue hacia el pizarrón para escribir[5] una "palabra de pensamiento". Y escribió: "O -povo vai *resover* [lo correcto es *resolver*] os *probemas* [lo correcto es *problemas*] do Brasil votando *conciente* [lo correcto es *consciente*]. (El pueblo va a resolver los problemas de Brasil votando consciente.)

Debe agregarse que en estos casos los textos se debatían en grupo discutiendo su significado dentro de nuestra realidad. ¿Cómo explicar que un hombre hasta hace pocos días analfabeto escriba palabras con fonemas complejos antes de estudiarlos? Es que, habiendo dominado el mecanismo de las combinaciones fonémicas, intentó y consiguió expresarse gráficamente tal como hablaba.

---

5 Un aspecto interesante a observar es que, generalmente, los analfabetos al aprender escriben con seguridad y legibilidad, superando en lo posible la indecisión natural de los que se inician. Según la profesora Elza Freire esto se debe, posiblemente, a que estando motivados, habiendo aprendido críticamente el mecanismo de combinaciones silábicas de su lengua y habiéndose "descubierto más hombre a partir de la discusión del concepto antropológico de cultura, ganaban e iban ganando cada vez más en su aprendizaje, una seguridad emocional que se refleja en su actividad motora".

Y esto se verificó en todas las experiencias realizadas en el país, y que se iban a extender y profundizar a través del Programa Nacional de Alfabetización del Ministerio de Educación y Cultura, que coordinábamos. Pero fue suspendido por el golpe militar. Una afirmación fundamental, que nos parece debemos recalcar, es que para alfabetizar a adultos, y que no sea una alfabetización puramente mecánica y memorizada, hay que hacerlos que tomen conciencia para que logren su alfabetización. El hombre estará apto para optar en la medida en que un método activo lo ayude a tomar conciencia de su problemática, de su condición de persona, de sujeto. Él mismo se politizará después. Cuando un ex analfabeto de Angicos hablando frente al presidente Goulart, quien siempre nos apoyó con entusiasmo,[6] y frente a su comitiva, declaró que ya no era *masa*, sino *pueblo*; no fue sólo una frase: afirmó conscientemente una opción. Escogió la participación decisiva que sólo el pueblo tiene y renunció a la dimisión emocional de las masas. Se politizó. Queda claro que no podíamos satisfacernos, y ya lo dijimos, con la mera alfabetización, aun cuando no fuera puramente mecánica. Concebíamos las etapas posteriores a la alfabetización con el espíritu de una pedagogía de comunicación, etapas que variarían sólo con el estudio.

Si se hubiese cumplido el programa elaborado durante el gobierno de Goulart, funcionarían en 1964 más de veinte mil Círculos de Cultura en todo el país. E íbamos a hacer lo que llamábamos estudio de la temática del hombre brasileño. Estos temas, sometidos a análisis de especialistas, serían "reducidos" a unidades de aprendizaje, como hiciéramos con el concepto de cultura y con las situaciones en torno de las palabras generadoras. Pre-

6 Queremos señalar aquí, también, el apoyo del ex ministro de Educación Julio Sambaquy para conducir el plan iniciado en la administración Paulo de Tarso. Del mismo modo queremos señalar una actitud idéntica del profesor João Alfredo da Costa Lima, entonces rector de la Universidad de Recife.

pararíamos los *stripp-films* con esas "reducciones" usando textos simples con referencia a los textos originales.

Este estudio nos hubiera permitido lograr una seria programación que continuaría la etapa de alfabetización. Más aún, con la creación de un catálogo de temas reducidos y referencias bibliográficas que pondríamos a disposición de los colegios y universidades, hubiéramos podido ampliar el radio de acción experimental y contribuir a la indispensable identificación de nuestra escuela con la realidad.

Por otro lado, iniciábamos la preparación de material con que pudiésemos en términos concretos realizar una educación en la que hubiese lugar para lo que Aldous Huxley[7] llama "arte de disociar ideas", como antídoto a la fuerza domesticadora de la propaganda.[8]

Film-strips en los que presentaríamos como situaciones a ser discutidas, aun en la fase de alfabetización, desde simple propaganda comercial hasta situaciones de carácter ideológico.

En la medida en que al discutir los grupos fuesen percibiendo el engaño que hay en la propaganda, por ejemplo de cierta marca de cigarrillos en que aparece una bella chica en biquini, sonriente y feliz (y que ella, con su sonrisa, su belleza y su biquini, no tiene nada que ver con el cigarrillo), irían descubriendo la diferencia entre educación y propaganda. Por otro lado, se prepararían para discutir y percibir los mismos enga-

---

7 Aldous Huxley, *El fin y los medios.*
8 Nunca nos olvidaremos de la propaganda, en cierta forma inteligente, hecha para cierto hombre público brasileño que consideraba nuestras matrices culturales aún no propicias para la formación de una mentalidad crítica. Aparecía el busto del candidato, con flechas dirigidas a su cabeza, a sus ojos, a su boca, a sus manos, y junto a estas flechas:
¡USTED NO NECESITA PENSAR, ÉL PIENSA POR USTED!
¡USTED NO NECESITA VER, ÉL VE POR USTED!
¡USTED NO NECESITA HABLAR, ÉL HABLA POR USTED!
¡USTED NO NECESITA ACTUAR, ÉL ACTÚA POR USTED!

ños en la propaganda ideológica y política,[9] en los eslóganes; irían armándose críticamente para la "disociación de ideas" de Huxley.

Esto nos pareció siempre una forma correcta de defender la auténtica democracia y no una forma de luchar contra ella. Luchar contra ella es hacerla irracional, aun cuando se haga en su nombre. Es enriquecerla para defenderla de la rigidez totalitaria. Es tornarla odiosa, cuando sólo crece en respeto a la persona y en amor. Es cerrarla cuando sólo vive en apertura. Es nutrirla de miedo cuando debe ser valiente. Es hacerla instrumento de los poderosos contra los débiles. Es familiarizarla contra el pueblo. Es alienar una nación en su nombre.

Defenderla y alcanzar lo que Mannheim llama "democracia militante", aquella que no teme al pueblo, que suprime los privilegios, que planifica sin enriquecerse, que se defiende sin odiar, que se nutre de la crítica y no de la irracionalidad.

A medida que la juventud brasileña hablaba a los hombres simples del pueblo, a los intelectuales, a los especialistas, y exten-

---

9 En las campañas que se hacían y se hacen contra nosotros, nunca nos dolió ni nos duele cuando se afirmaba y se afirma que somos "ignorantes", "analfabetos", "autor de un método tan inocuo que no consiguió siquiera alfabetizarlo a sí mismo". Que no fuimos "inventores" del diálogo ni del método analítico-sintético, como si alguna vez hubiésemos hecho una afirmación tan irresponsable. Que "nada original fue hecho" y que sólo hicimos "un plagio de educadores europeos o norteamericanos". Y también de un profesor brasileño, autor de una cartilla... Además, con respecto a la originalidad siempre pensamos con Dewey, para quien "la originalidad no está en lo fantástico, sino en el nuevo uso de cosas conocidas" (*Democracia e educação*).

Nunca nos dolió ni nos duele nada de esto. Lo que nos deja perplejos es oír o leer que pretendíamos "bolchevizar al país" con "un método que no existía"... La cuestión, entonces, era otra. Sus raíces estaban en el trato que dábamos, bien o mal, al problema de la alfabetización del cual sacábamos el aspecto puramente mecánico, asociándolo a la "peligrosa" concienciación. Estaban en que encarábamos y encaramos la educación como un esfuerzo de liberación del hombre y no como un instrumento más de su dominación.

díamos nuestro trabajo, se lanzaba contra nosotros las más ridículas acusaciones a las cuales nunca prestamos atención, ya que conocíamos bien sus orígenes y sus motivaciones. Lo que nos amargaba era la amenaza latente que presentaban los irracionalismos para nuestro destino democrático, anunciado ya en la transición brasileña.

Apéndice

Para aclarar mejor nuestras afirmaciones de los últimos capítulos de este ensayo, presentamos ahora, en este apéndice, las situaciones existenciales que posibilitan la comprensión del concepto de cultura, acompañadas de algunos comentarios. Nos pareció igualmente interesante presentar las 17 palabras generadoras que constituyeron el plan de los Círculos de Cultura del Estado de Río y de Guanabara.

Por no tener los originales del pintor Francisco Brenand que expresaban las situaciones existenciales para la discusión del concepto de cultura, solicitamos a Vicente de Abreu, otro pintor brasileño, hoy también en exilio, que las rehiciese. Sus cuadros no son una copia de Brenand, aunque haya necesariamente repetido la temática.

PRIMERA SITUACIÓN: EL HOMBRE EN EL MUNDO Y CON EL MUNDO. NATURALEZA Y CULTURA

A través del debate de esta situación en la que se discute el hombre como un ser de relaciones se llega a la distinción entre dos mundos: el de la naturaleza y el de la cultura. Se percibe la posición normal del hombre como ser en el mundo y con el mundo, como ser creador y recreador que, a través del trabajo, va alterando la realidad. Con preguntas simples, tales como: ¿quién hace el pozo?, ¿por qué lo hace?, ¿cómo lo hace?, ¿cuándo?, que se repiten para los demás "elementos" de la situación, emergen dos conceptos básicos: el de *necesidad* y el de *trabajo*, y la cultura se hace explícita en un primer nivel, el de sustancia. El hombre hace el pozo porque tiene necesidad de agua. Y lo hace en la medida en que, relacionándose con el mundo, hace de él objeto de su conocimiento, sometiéndolo, por el trabajo, a un proceso de transformación. Así, hace la casa, su ropa, sus instrumentos de trabajo. A partir de ahí se discute con el grupo, en términos evidentemente simples, pero críticamente objetivos, las relaciones entre los hombres, que no pueden ser de dominación ni de transformación como las anteriores, sino de sujetos.

PRIMERA SITUACIÓN

SEGUNDA SITUACIÓN: DIÁLOGO POR MEDIACIÓN DE LA NATURALEZA

En la discusión anterior ya se había llegado al análisis de las relaciones entre los hombres que, por ser relaciones entre sujetos, no pueden ser de dominio. Ahora, frente a ésta, el grupo debe analizar el diálogo: la comunicación entre los hombres; el encuentro entre las conciencias; el análisis de la mediación del mundo en esta comunicación, del mundo transformado y humanizado por el hombre; el análisis del fundamento amoroso, humilde, esperanzado, crítico y creador del diálogo.

Las tres situaciones que siguen constituyen una serie en cuyo análisis se ratifica el concepto de cultura, al mismo tiempo que se discuten otros aspectos de real interés.

SEGUNDA SITUACIÓN

TERCERA SITUACIÓN: CAZADOR ILETRADO

Se inicia el debate de esta situación distinguiéndose en ella lo que es de la naturaleza y lo que es de la cultura. "Cultura en este cuadro —se dice— es el arco y la flecha, las plumas con las cuales el indio se viste." Y cuando se le pregunta si las plumas son de la naturaleza, responde siempre: "Las plumas son de la naturaleza en cuanto están en el pájaro. Después que el hombre mata el pájaro, saca sus plumas y las transforma con el trabajo, ya no son naturaleza. Son cultura". Tuvimos oportunidad de oír esta respuesta innumerables veces en varias regiones del país. Distinguiendo la fase histórico-cultural del cazador de la suya, llega el grupo al conocimiento de lo que es una cultura iletrada. Descubre que, prolongando sus brazos cinco o diez metros, por medio del instrumento creado, mediante el cual ya no necesita tomar su presa con las manos, el hombre hace cultura. Al enseñar a las generaciones más jóvenes no sólo el uso del instrumento sino también la incipiente tecnología de su fabricación, el hombre hace educación. Se discute cómo se da la educación en una cultura iletrada, donde no se puede hablar propiamente de analfabetos. Perciben entonces, inmediatamente, que ser analfabeto es pertenecer a una cultura iletrada y no dominar las técnicas de escribir y leer. Esta percepción llega a ser dramática para algunos de ellos.

TERCERA SITUACIÓN

CUARTA SITUACIÓN: CAZADOR LETRADO (CULTURA LETRADA)

Al ser proyectada esta situación, identifican al cazador como un hombre de su cultura, aun cuando pueda ser analfabeto. Se discute el avance tecnológico representado en la escopeta en comparación con el arco y la flecha.

Se analiza la posibilidad que tiene el hombre de transformar al mundo por medio de su espíritu creador, por medio de su trabajo. Sin embargo, esta transformación sólo tiene sentido en la medida en que contribuye a la humanización del hombre. En la medida en que busca su liberación. Se analizan finalmente las implicaciones de la educación en el desarrollo.

CUARTA SITUACIÓN

QUINTA SITUACIÓN: EL GATO CAZADOR

Nuestra intención, entre otras, es, al presentar esta serie, establecer una diferencia histórica entre los dos cazadores y una diferencia ontológica entre ellos y el tercero. Está claro que no se iría a hablar en los debates de faz histórica ni de ontología. El pueblo, con su lenguaje y a su modo, percibe estas diferencias. Nunca olvidamos un analfabeto de Brasilia que afirmó con absoluta confianza: "De estos tres, sólo dos son cazadores —los dos hombres—. Son cazadores porque hacen cultura antes y después de cazar. [Le faltó sólo decir que hacían cultura cuando cazaban.] El tercero, el gato, que no hace cultura, no es cazador ni antes ni después de la 'caza'. Es 'perseguidor'". Hacía así una diferencia sutil entre cazar y perseguir. En esencia, había captado lo que había de fundamental, hacer cultura.

Del debate de estas situaciones surgía toda una riqueza de observaciones a propósito del hombre y del animal, a propósito del poder creador, de la libertad, de la inteligencia, del instinto, de la educación, del adiestramiento.

QUINTA SITUACIÓN

SEXTA SITUACIÓN: El hombre transforma la materia de la naturaleza con su trabajo

Proyectada esta situación se inicia la discusión a propósito de lo que representa. ¿Qué vemos? ¿Qué hacen los hombres? "Trabajan con el barro", dicen todos. "Están alterando la materia de la naturaleza con el trabajo", dicen muchos.

Después de una serie de análisis sobre el trabajo (encontramos quienes hablan de la "alegría de hacer las cosas bonitas", como un hombre de Brasilia), se pregunta qué objeto de cultura puede obtenerse del trabajo tal como se presenta la situación.

Responden: "Un jarro", "Un cántaro", "Una olla", etcétera.

SEXTA SITUACIÓN

SÉPTIMA SITUACIÓN: JARRÓN, PRODUCTO DEL TRABAJO DEL HOMBRE SOBRE LA MATERIA DE LA NATURALEZA

Con qué emoción escuchamos en un Círculo de Cultura de Recife, durante la discusión de esta situación, a una mujer, emocionada, decir: "Hago cultura. Sé hacer esto". Muchos se refieren a las flores que están en el jarrón, afirmando de ellas: "Son naturaleza en cuanto que flores. Son cultura en cuanto que adorno".

Se fortalece lo que ya venía descubriéndose desde el comienzo, la discusión estética de la obra creada. Y que será bien discutida en la situación inmediata, cuando se analice la cultura en el nivel de la necesidad espiritual.

SÉPTIMA SITUACIÓN

OCTAVA SITUACIÓN: POESÍA

Inicialmente, el coordinador de debates lee, pausadamente, el texto proyectado. Generalmente, todos afirman: "Esto es una poesía". Se caracteriza la poesía como popular. Su autor es un hombre simple de pueblo. Se discute si la poesía es o no cultura. "Es tan cultura como el jarrón —dicen—, pero es diferente al jarrón." Perciben en términos críticos durante la discusión que la manifestación poética responde a una necesidad diferente, cuyo material de elaboración no es el mismo.

Después de discutir varios aspectos de la creación artística popular y erudita, no sólo en el área de la poesía, el coordinador relee el texto y lo somete a la discusión del grupo.

OCTAVA SITUACIÓN

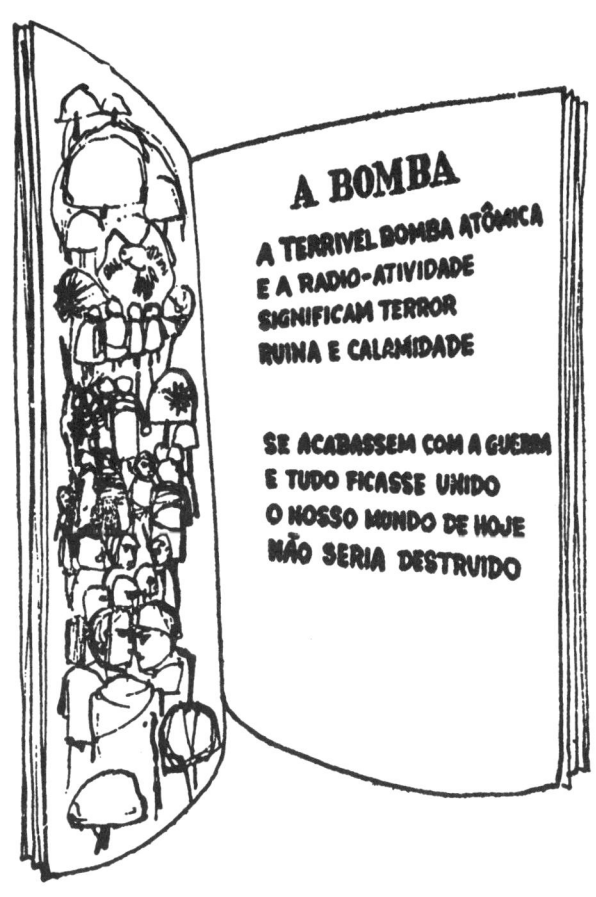

NOVENA SITUACIÓN: PAUTAS DE COMPORTAMIENTO

Nos interesa con esta situación analizar las pautas de comportamiento como manifestación cultural, para en seguida discutir la resistencia al cambio.

El cuadro presenta un gaucho del sur y un vaquero del nordeste brasileño vestidos cada uno a su manera. A través de sus vestimentas, llegamos a discutir algunas de sus formas de comportamiento. Cierta vez escuchamos en un Círculo de Cultura, en el estado del sur de Brasil, lo siguiente: "Vemos ahí tradiciones de dos regiones brasileñas; Sur y Nordeste. Tradiciones en el vestir. Pero, antes de las tradiciones, hubo una real necesidad de vestir así, uno con ropa cálida y otro con ropa gruesa de cuero. A veces, la necesidad pasa, pero se mantiene la tradición".

Como en los demás casos, el análisis de esta situación resulta siempre muy rico. Se obtenía lo que se pretendía: la caracterización de las pautas de comportamiento como una manifestación cultural.

NOVENA SITUACIÓN

DÉCIMA SITUACIÓN: CÍRCULO DE CULTURA FUNCIONANDO. SÍNTESIS DE LAS DISCUSIONES ANTERIORES

Esta situación presenta un Círculo de Cultura funcionando. Al verla se identifican fácilmente en la representación. Se debate la cultura como adquisición sistemática de conocimiento y también de democratización de la cultura, dentro del cuadro general de la "democratización fundamental", que caracterizaba el proceso brasileño.

"La democratización de la cultura —dijo cierta vez uno de esos anónimos maestros analfabetos— debe surgir de lo que somos y de lo que hacemos como pueblo. No de lo que piensen y quieran algunos para nosotros." Además de esos debates a propósito de la cultura y de su democratización, se analizaba el funcionamiento de un Círculo de Cultura, su sentido dinámico, la fuerza creadora del diálogo, la concienciación. Durante dos noches se discuten esas situaciones, estando predispuestos a iniciar, en la tercera, su alfabetización, que se comprende ahora como una llave que les abrirá las puertas a la comunicación escrita.

Sólo así la alfabetización cobra sentido. Es la consecuencia de una reflexión que el hombre comienza a hacer sobre su propia capacidad de reflexionar, sobre su posición en el mundo, sobre el mundo mismo, sobre su trabajo, sobre su poder de transformar el mundo, sobre el encuentro de las conciencias; reflexión sobre la propia alfabetización, que deja así de ser algo externo al hombre para pertenecerle, para brotar de él, en relación con el mundo, como una creación.

Sólo así nos parece válido el trabajo de alfabetización, comprender la palabra en su justo significado: como una fuerza de transformación del mundo. Sólo así la alfabetización tiene sentido. En la medida en que el hombre, antes analfabeto, descubre la relatividad de la ignorancia y de la sabiduría, se libera uno de los mecanismos usados por las falsas elites para manejarlo. Sólo así la alfabetización tiene sentido. En la medida en que implica en todo este esfuerzo que realiza el hombre para reflexionar sobre sí y sobre el mundo en que y con el cual está, le hace descubrir "que el mundo es también suyo y que su trabajo no es la pena que paga por ser hombre sino un modo de amar y ayudar al mundo a ser mejor".

DÉCIMA SITUACIÓN

Palabras generadoras

Veamos ahora las 17 palabras generadoras seleccionadas del "universo vocabular" estudiado en el estado de Río y que se aplicaría también en Guanabara.

Las presentamos sin las situaciones existenciales en que se colocaban, sólo con algunas de las posibles dimensiones a analizar cuando se discuten las situaciones.

I] FAVELA:

Necesidades fundamentales:
a) habitación
b) alimentación
c) vestuario
d) salud
e) educación

Repitamos, en este apéndice, en líneas generales con la palabra generadora *favela* lo que hicimos en el capítulo 4 con la palabra *tijolo*.

Analizando la situación existencial que representa en fotografía el aspecto de una favela y en que se debate el problema de la habitación, de la alimentación, del vestuario, de la salud, de la educación y, más aún, en que se descubre la *favela* como situación problemática, se pasa a la visualización de la *palabra*, con su vinculación semántica.

En seguida: un diapositivo solo con la palabra: FAVELA.

Después: otro con la palabra separada en sus sílabas: FA-VE-LA.

Después: la familia fonética: fa-fe-fi-fo-fu.

Se sigue con: va-ve-vi-vo-vu.

En otro diapositivo: la-le-li-lo-lu.

Ahora las tres familias:

FA FE FI FO FU ⎫
VA VE VI VO VU ⎬ Ficha de Descubrimiento
LA LE LI LO LU ⎭

El grupo comienza entonces a crear palabras con las combinaciones a su disposición.

2] LLUVIA:

Aspectos para la discusión:

a) influencia del medio ambiente en la vida humana

b) el factor climático en la economía de subsistencia

c) desequilibrios regionales del Brasil

3] ARADO:

Aspectos para la discusión:

a) valorización del trabajo humano

b) el hombre y la técnica: proceso de transformación de la naturaleza

c) el trabajo y el capital

d) reforma agraria

4] TERRENO:

Aspectos para la discusión:
a) dominación económica
b) latifundio
c) irrigación
d) riquezas naturales
e) defensa del patrimonio nacional

5] COMIDA:

Aspectos para la discusión:
a) subnutrición
b) hambre, del plano local al nacional
c) mortalidad infantil
d) dolencias derivadas

6] BATUQUE:

Aspectos para la discusión:
a) cultura del pueblo
b) folklore
c) cultura erudita
d) alienación cultural

7] POZO:

Aspectos para la discusión:
a) salud y enfermedades endémicas
b) educación sanitaria
c) condiciones del abastecimiento de agua

8] BICICLETA:

Aspectos para la discusión:
a) problema del transporte
b) transporte colectivo

9] TRABAJO:

Aspectos para la discusión:
a) proceso de transformación de la realidad
b) valorización del hombre por el trabajo
c) trabajo manual, intelectual y tecnológico, artesano
d) dicotomía: trabajo manual-trabajo intelectual

10] SALARIO:

Aspectos para la discusión:
Plano económico
Situación del hombre:
a) remuneración del trabajo: trabajo asalariado y no-asalariado
b) salario mínimo
c) salario móvil

11] PROFESIÓN:
Aspectos para la discusión:
Plano social
a) el problema de la empresa
b) clases sociales y movilidad social
c) sindicalismo
d) huelga

12] GOBIERNO:

Aspectos para la discusión:
Plano político
a) el poder político (tres poderes)
b) el papel del pueblo en la organización del poder
c) participación popular

13] PANTANO (MANGLE):

Aspectos para la discusión:
a) la población del pantano
b) paternalismo
c) asistencialismo
d) ascensión de una posición objeto de estas poblaciones hacia una posición de sujeto

14] INGENIO:

Aspectos para la discusión:
a) formación económica del Brasil
b) monocultura
c) latifundio
d) reforma agraria

15] AZADA:

Aspectos para la discusión:
a) reforma agraria y reforma bancaria
b) tecnología y reforma

16] LADRILLO:

Aspectos para la discusión:
a) reforma urbana, aspectos fundamentales
b) planeamiento
c) relación entre varias reformas

17] RIQUEZA:

Aspectos para la discusión:
a) Brasil y la dimensión universal
b) confrontamiento de la situación de riqueza y pobreza
c) el hombre rico y el pobre
d) naciones ricas y naciones pobres
e) países dominantes y dominados
f) países desarrollados y subdesarrollados
g) emancipación nacional
h) ayudas efectivas entre las naciones y la paz mundial.

Nota final

Actualmente, en Chile, un equipo del Departamento de Investigaciones de la División de Estudios del Consejo de Promoción Popular del Supremo Gobierno, del que forman parte psiquiatras, antropólogos, psicólogos, urbanistas, economistas y sociólogos, inicia las primeras experiencias que han tenido resultados animadores con el método como instrumento de investigación psicosociológica.

Se observa, sin tardanza, que tanto el investigador como los grupos a través de los cuales pretende el investigador estudiar algo funcionan como sujetos de la investigación. El sentido altamente catártico que tiene el método, por otro lado, posibilita la comprensión de "x" aspectos que posiblemente no serían percibidos en otras condiciones que no fuesen la discusión de situaciones existenciales de los grupos.

En verdad, puesta una situación existencial delante de un grupo, inicialmente su actitud es de quien meramente describe la situación como simple observador. Luego, comienza a analizar la situación sustituyendo la pura descripción por la problematización de la situación. En este momento llega la crítica de la propia existencia. Esto, más o menos, fue lo que dijo una mujer de un conventillo de Santiago durante la experiencia realizada por uno de los miembros del equipo, Patricio Lopes.

"Me gusta discutir sobre esto —dijo, refiriéndose a la situación presentada— porque vivo así. Mientras vivo no veo. Ahora sí puedo observar cómo vivo."

Este equipo, cuya división está dirigida por el psiquiatra y sociólogo chileno Patricio Montalva y coordinado por el sociólogo francés Michel Marié, publicará en breve los primeros informes de sus estudios.